Sehr geehrte Leserin, sehr geehrter Leser,

wir freuen uns, dass Sie diese Broschüre lesen.

Auf den folgenden Seiten wird erklärt, ob und welche Ansprüche Sie auf Arbeitslosengeld 2 haben. Wenn Ihnen etwas nicht klar wird, lassen Sie sich zusätzlich beraten. Am Ende dieser Broschüre finden Sie Hinweise, wo Sie sich weiter informieren können.

Diese Leistungen heißen im Gesetz: Grundsicherung für Arbeitsuchende. Sie stehen im Zweiten Buch des Sozialgesetzbuches (SGB 2). In dieser Broschüre nennen wir sie deshalb meistens SGB 2-Leistungen.

Für 5,4 Millionen Menschen in Deutschland bedeuten sie Überleben und Existenzsicherung. Sie bedeuten aber auch Formulare, Behördengänge und Verunsicherung. In 3 Millionen Bedarfsgemeinschaften sind 1,6 Millionen Kinder unter 15 Jahre auf SGB 2-Leistungen angewiesen. Rund 15 % aller Kinder unter 15 Jahre erhalten SGB 2-Leistungen.

Die Grundsicherung für Arbeitsuchende hilft nicht nur arbeitslosen Menschen. Auch Menschen, die wenig Geld verdienen, können diese Grundsicherung bekommen. So erhalten 1 Million erwerbstätige Menschen ergänzend SGB 2-Leistungen. Davon ist die Hälfte sogar sozialversicherungspflichtig tätig.

Der PARITÄTISCHE setzt sich seit Jahren dafür ein, dass die SGB 2-Leistungen deutlich angehoben werden. Nach Auffassung des PARITÄTISCHEN sind die Regelsätze nach wie vor viel zu niedrig. Die Regelleistung für Alleinstehende sollte auf 582 € im Monat angehoben werden. Das Bildungs- und Teilhabepaket für Kinder ist ebenfalls nicht ausreichend, vor allem aber nur mit einem beispiellosen bürokratischen Aufwand umzusetzen. Es ist ein Skandal, dass bei den Armen überdurchschnittlich gespart wird, während die Wohlhabenden an der notwendigen Finanzierung unseres Sozialstaates nicht angemessen beteiligt werden.

Vor diesem Hintergrund ist es uns umso wichtiger, Sie über Ihre Rechte zu informieren. Wir freuen uns, wenn Sie nach der Lektüre Bescheid wissen und Ihre Rechte kennen. Dann können Sie selbstbewusst mit dem zuständigen Jobcenter umgehen und wissen, wie Sie sich gegen falsche Entscheidungen wehren können.

Am 5. November 2019 hat das Bundesverfassungsgericht zahlreiche Sanktionsregelungen für verfassungswidrig erklärt. Die Jobcenter müssen das Urteil sofort umsetzen. In 2020 wird der Bundestag voraussichtlich einige Neuregelungen beschließen. Falls das Jobcenter Ihre Leistung gekürzt hat, prüfen Sie in Kapitel 10 Abschnitt 5, ob es richtig gehandelt hat.

Bereits im Sommer 2019 wurde das Bildungs- und Teilhabepaket geändert. Beachten Sie also besonders die Hinweise in Kapitel 5.

Der Brexit soll sich auf britische Staatsbürger nicht nachteilig auswirken. Britische Staatsangehörige sind aber gut beraten, sich im Falle eines „harten" Brexit an eine Beratungsstelle oder an das Jobcenter zu wenden und sich zu informieren.

Berlin im Januar 2020

Prof. Dr. Rolf Rosenbrock
Vorsitzender des
Paritätischen
Gesamtverband

Inhaltsverzeichnis

Kapitel 1: Die Grundvoraussetzungen der SGB 2-Leistungen

Gesetzliche Grundlage: § 7 SGB 2

SGB 2-Leistungen sind eine Grundsicherung für Menschen, die eine Arbeit suchen. Die Leistungen bestehen aus Arbeitslosengeld 2 und Sozialgeld. Außerdem werden Sie bei der Arbeitssuche unterstützt. Sie bekommen SGB 2-Leistungen nur, wenn alle folgenden Voraussetzungen erfüllt sind:

1. **Hilfebedürftigkeit**
2. **Erwerbsfähigkeit**
3. **Alter zwischen 15 und 65 bis 66 Jahren**
4. **Leben in Deutschland**
5. **Antrag beim Jobcenter**

1. Hilfebedürftigkeit

SGB 2-Leistungen gibt es nur für Personen, die **HILFEBEDÜRFTIG** sind. Hilfebedürftig sind Sie, wenn Sie und die Menschen, mit denen Sie zusammenleben (Bedarfsgemeinschaft, siehe Kapitel 9), zu wenig Geld haben, um Ihren alltäglichen Bedarf zu decken. Hilfebedürftig kann man auch sein, wenn man arbeitet, aber zu wenig Geld verdient.

Wenn Sie **Vermögen** haben, das eine gesetzlich festgelegte Grenze überschreitet, haben Sie keinen Anspruch auf SGB 2-Leistungen (siehe Kapitel 8). Sie können die SGB 2-Leistungen aber als **Darlehen** bekommen. Zum Beispiel, wenn Sie an das Vermögen nicht sofort herankommen oder dies unzumutbar wäre. Das Darlehen müssen Sie später zurückzahlen.

Sie haben auch einen **Anspruch auf SGB 2-Leistungen, wenn Sie arbeiten**, aber das Arbeitseinkommen nicht für die ganze Familie reicht (siehe Kapitel 7). Ihr **Einkommen** wird auf die SGB 2-Leistungen angerechnet (siehe Kapitel 6). Wenn das Gesamteinkommen unter dem **SGB 2-Bedarf** liegt, wird der Unterschiedsbetrag vom Jobcenter ausgezahlt. Dies kann auch der Fall sein, wenn Sie niedriges Arbeitslosengeld 1 bekommen. Wie der SGB 2-Bedarf berechnet wird, steht in Kapitel 3 und Kapitel 4.

In manchen Familien reicht das Einkommen der Eltern für die Eltern, jedoch nicht für die Kinder. Dann kann statt eines Anspruchs auf SGB 2-Leistungen ein Anspruch auf **Kinderzuschlag** und **Wohngeld** bestehen. Für den Kinderzuschlag ist die Familienkasse zuständig, für das Wohngeld ist es die Wohngeldstelle in Ihrer Stadt oder Ihrem Kreis. Sie müssen dort entsprechende Anträge stellen.

Wer SGB 2-Leistungen erhält, ist verpflichtet, **jede zumutbare Arbeit anzunehmen**, um die eigene Hilfebedürftigkeit zu beenden oder zu verringern. Weigern Sie sich, eine zumutbare Arbeit aufzunehmen, können Ihre SGB 2-Leistungen gekürzt werden (siehe Kapitel 10).

2. Erwerbsfähigkeit

Nur erwerbsfähige Personen können SGB 2-Leistungen erhalten. In einer Bedarfsgemeinschaft (siehe Kapitel 9) muss mindestens eine Person erwerbsfähig sein.

ERWERBSFÄHIG ist, wer sofort oder in absehbarer Zukunft auf dem allgemeinen Arbeitsmarkt mindestens 3 Stunden täglich arbeiten kann. Die oder der Erwerbsfähige muss also in der Lage sein, irgendeine Arbeit aufzunehmen. Dabei ist es egal, welchen Beruf er oder sie gelernt oder zuletzt ausgeübt hat.

Auch wenn durch bestimmte Lebenssituationen zurzeit keine Erwerbstätigkeit möglich ist, ändert das nichts an der grundsätzlichen Erwerbsfähigkeit.

Das gilt zum Beispiel für:

- **Alleinerziehende**, die ein Kind unter 3 Jahren betreuen
- Personen, die wegen der **Pflege von Angehörigen** längere Zeit nicht arbeiten können
- **Schülerinnen und Schüler** – sie sollen ihre Schulausbildung abschließen können.

Erwerbsfähig sind auch Menschen, die **nicht mehr voll arbeiten** können, aber zum Beispiel 5 Stunden am Tag. Auch kranke und schwerkranke Menschen können erwerbsfähig sein, wenn damit zu rechnen ist, dass sie innerhalb von 6 Monaten wieder arbeiten können.

Folgende Personengruppen haben keinen Anspruch auf SGB 2-Leistungen:

➔ Personen, die eine **Altersrente** oder vergleichbare Leistungen beziehen, auch wenn sie unter 67

Jahre alt sind. Diese Personen können bei Bedarf Leistungen nach dem SGB 12 beim Sozialamt beantragen.

➔ **Personen, die in einer Einrichtung leben.** Zum Beispiel in einem Altenheim, einer besonderen Wohnform für behinderte Menschen, einem Jugendwohnheim oder einem Gefängnis, auch während der Untersuchungshaft oder im Maßregelvollzug. Dazu zählen auch Personen, die voraussichtlich länger als 6 Monate im Krankenhaus sein werden.

AUSNAHME

Ein Anspruch auf SGB 2-Leistungen besteht

- für Bewohner einer Einrichtung, wenn sie mindestens 15 Stunden wöchentlich auf dem allgemeinen Arbeitsmarkt erwerbstätig sind,
- für Strafgefangene im offenen Vollzug (Freigänger), die sich tagsüber außerhalb des Gefängnisses aufhalten dürfen und arbeiten.

➔ **Kranke oder behinderte Personen**, die eine Arbeit von mindestens 3 Stunden täglich nicht leisten können.

AUSNAHME

Wenn sie wahrscheinlich innerhalb der nächsten 6 Monate wieder mindestens 3 Stunden täglich arbeiten können, gelten sie als erwerbsfähig. Dann haben sie auch während dieser Übergangszeit einen Anspruch auf SGB 2-Leistungen.

➔ **Beschäftigte einer Werkstatt für behinderte Menschen**, auch wenn dort 3 Stunden oder mehr täglich gearbeitet wird.

➔ Personen, die ohne Zustimmung des Jobcenters **nicht zu Hause** zu erreichen sind. Zum Beispiel, weil sie ohne Absprache mit dem Jobcenter im Urlaub sind oder Verwandte besuchen.

Auszubildende, Schülerinnen und Schüler sowie Studierende haben nur unter bestimmten Voraussetzungen Anspruch auf SGB 2-Leistungen (siehe Kapitel 11).

3. Alter zwischen 15 und 65 bis 66 Jahren

Einen Anspruch auf SGB 2-Leistungen haben Sie nur, wenn Sie zwischen 15 und 65 bis 66 Jahre alt sind.

Kinder unter 15 Jahren haben keinen eigenen Anspruch auf SGB 2-Leistungen. Sie können aber Ansprüche auf Sozialgeld haben, wenn sie in einer Bedarfsgemeinschaft leben (siehe Kapitel 9).

Die **obere Altersgrenze** für den Anspruch auf SGB 2-Leistung wird in den kommenden Jahren schrittweise auf 67 Jahre angehoben. Wenn Sie beispielsweise im Oktober 1954 geboren sind, können Sie bis zum 30. Juni 2020 Leistungen bekommen.

Wenn Sie 63 Jahre oder älter sind, müssen Sie unter Umständen eine vorzeitige Altersrente beantragen, auch wenn Ihre Rente dadurch geringer wird.

AUSNAHME

Sie müssen die Altersrente nicht vorzeitig beantragen, wenn

- Sie noch einen Anspruch auf Arbeitslosengeld 1 haben
- Sie in wenigen Monaten eine ungekürzte Rente erhalten können
- Sie noch mindestens halbtags arbeiten
- Ihnen in wenigen Monaten ein Arbeitsplatz sicher ist (mindestens halbtags, Arbeitsvertrag vorlegen!)
- Sie dadurch hilfebedürftig für eine Grundsicherung im Alter werden würden.

4. Leben in Deutschland

Voraussetzung für SGB 2-Leistungen ist außerdem, dass Ihr Lebensmittelpunkt in Deutschland ist. Sie müssen sich also in Deutschland aufhalten.

5. Antrag beim Jobcenter

Um SGB 2-Leistungen zu erhalten, müssen Sie einen Antrag beim Jobcenter stellen. Die Geldleistungen werden ab dem 1. Tag des Monats gezahlt, in dem der Antrag gestellt wurde (siehe Kapitel 2).

Kapitel 2: Was muss ich tun, um Leistungen zu erhalten? Was tut das Jobcenter?

Gesetzliche Grundlage: §§5 Absatz 3, 37 SGB 2, §60 SGB 1

Leistungen nach dem SGB 2 gibt es nur auf **Antrag** und **nicht rückwirkend**. Das zuständige Amt für Leistungen nach dem SGB 2 heißt **Jobcenter**. Stellen Sie den Antrag am besten schriftlich. Er kann aber auch mündlich gestellt werden. Es reicht, wenn ein Mitglied der Bedarfsgemeinschaft (siehe Kapitel 9 Abschnitt 1 und 2) den Antrag für alle stellt. Dieser Antrag gilt für alle Mitglieder der Bedarfsgemeinschaft.

1. Welches Jobcenter ist für mich zuständig?

Zuständig ist das Jobcenter, **in dessen Bezirk Sie wohnen**. Sie finden es im Internet unter www.jobcenter-ge.de. Wenn Sie unsicher sind, können Sie sich an die Agentur für Arbeit, das Sozialamt oder die Gemeindeverwaltung wenden. Es kann sein, dass Sie Ihren Wohnsitz durch eine Meldebescheinigung nachweisen müssen. Wenn Sie keinen festen Wohnsitz haben: Wenden Sie sich an das Jobcenter, in dessen Bezirk Sie eine Anlaufadresse oder einen regelmäßigen Schlafplatz haben.

2. Was muss ich tun? Was muss ich beachten?

Benutzen Sie am besten die offiziellen **Antrags-Formulare**. So bekommt die Verwaltung alle nötigen Informationen. Sie bekommen die Formulare beim Jobcenter oder im Internet: www.arbeitsagentur.de → Arbeitslos und Arbeit finden → Arbeitslosengeld II. Wenn Sie die Anträge in anderer Form stellen, müssen Sie die offiziellen Formulare später trotzdem ausfüllen.

Füllen Sie alle Formulare **wahrheitsgemäß** aus. Sonst droht Ihnen ein Bußgeld. Geben Sie den Antrag und alle geforderten Nachweise so schnell wie möglich beim Jobcenter ab.

TIPP

Wenn Sie schnelle Hilfe brauchen, können Sie direkt zu Ihrem Jobcenter gehen. Dort sagen Sie, dass Sie SGB 2-Leistungen beantragen. Das Jobcenter muss Ihren Antrag annehmen, auch wenn Sie noch nicht alle Unterlagen vorlegen können. Lassen Sie sich schriftlich mit Datum bestätigen, dass Sie den Antrag gestellt haben. Wenn Ihr Antrag nicht angenommen wird, schicken Sie ihn als Einschreiben an das Jobcenter. Leistungen gibt es ab dem 1. Tag des Monats, in dem der Antrag gestellt wurde. Das gilt auch, wenn der Antrag noch nicht vollständig ist. Wenn Sie gar kein Geld haben, können Sie einen **Vorschuss** verlangen.

TIPP

Unter bestimmten Voraussetzungen erhalten Sie SGB 2-Leistungen bis zu einem Jahr rückwirkend. Das gilt, wenn Sie zunächst einen Antrag nicht gestellt haben, weil Sie fest mit einer anderen Leistung gerechnet haben – zum Beispiel Rente oder Arbeitslosengeld 1 oder Kinderzuschlag. Falls aber diese andere Leistung abgelehnt wurde oder zurückgefordert wird, müssen Sie **sofort** den Antrag auf SGB 2-Leistungen stellen.

Anders ist es, wenn Sie Arbeitslosengeld 1 bekommen, das aber nicht zum Leben ausreicht. In diesem Fall müssen Sie sofort einen Antrag auf SGB 2-Leistungen stellen. Es ist nicht möglich, später den Antrag auf SGB 2-Leistungen rückwirkend zu stellen.

Sie haben eine **Mitwirkungs-Pflicht**. Das bedeutet zum Beispiel, dass Sie alle geforderten Nachweise vorlegen müssen, etwa über Ihr Einkommen, Ihr Vermögen und Ihre Miete. Das bedeutet auch, dass Sie zu den Beratungs-Terminen kommen müssen. Sie müssen auch einer Untersuchung beim Arzt zustimmen, wenn es um Ihre Erwerbsfähigkeit oder Ihre gesundheitliche Eignung für bestimmte Tätigkeiten geht.

Wenn Sie nicht mitwirken, können die Leistungen verweigert werden. Vorher muss Sie das Jobcenter aber schriftlich auf Ihre Pflicht zum Mitwirken hinweisen. Wenn Sie einen Termin nicht einhalten, können die Leistungen gekürzt werden (siehe Kapitel 10 Abschnitt 5).

Sie müssen auch Leistungen beantragen, die Sie von anderen Behörden bekommen können – zum Beispiel Verletztenrente von der Unfallversicherung. Wenn Sie das nicht selbst tun, darf das Jobcenter für Sie den Antrag stellen. In diesem Fall müssen Sie den Antrag mit Unterlagen oder einer ärztlichen Untersuchung unterstützen, sonst erhalten Sie auch keine SGB 2-Leistungen.

Es kann sein, dass Sie Unterlagen oder Bescheinigungen von anderen brauchen (Beispiele: Vermieterin, Arbeitgeber, unterhaltspflichtige Person). Wenn Sie diese Unterlagen nicht bekommen, dürfen Sie hierfür nicht bestraft werden. Informieren Sie das Jobcenter, dass Sie die Unterlagen nicht bekommen haben. Dann muss sich das Jobcenter selbst um die Unterlagen kümmern.

! Wenn sich Ihre Verhältnisse ändern, müssen Sie dies **dem Jobcenter sofort mitteilen** (zum Beispiel bei zusätzlichem Einkommen, Auszug einer Person aus dem Haushalt, Rückzahlung von Mietnebenkosten, Erbschaft). Ihr Anspruch auf Leistungen wird dann neu berechnet und Sie erhalten einen neuen Bescheid. Wenn Sie solche Veränderungen nicht mitteilen, müssen Sie später Geld zurückbezahlen (siehe Kapitel 14). Zusätzlich droht Ihnen ein Bußgeld, in schweren Fällen sogar ein Strafverfahren wegen Betruges.

TIPP

Stellen Sie einen Änderungsantrag, wenn Ihr Einkommen sinkt oder die Miete oder andere Nebenkosten oder Werbungskosten steigen.

Sie können anderen Personen eine **Vollmacht** geben, damit diese sich um Ihre Interessen kümmern. Zu persönlichen Gesprächen können Sie eine **Vertrauensperson** mitbringen, die Sie unterstützt. Sie haben ein Recht darauf, beim Jobcenter **Ihre Akte einzusehen**. So können Sie prüfen, welche Entscheidungsgrundlagen und Unterlagen dort vorliegen.

3. Was muss und kann das Jobcenter tun?

Sobald Sie einen Antrag gestellt haben, muss das Jobcenter den Vorgang bearbeiten. Es muss prüfen, welche Leistungen Sie bekommen können und welche Voraussetzungen Sie im Einzelfall erfüllen müssen.

Sie erhalten dann einen Bescheid. In dem **Bescheid** steht, ob Sie Geld bekommen und wie viel Geld Sie bekommen. Die Leistungen werden jeweils zum Monatsanfang auf Ihr Konto überwiesen. In bestimmten Situationen kann das Jobcenter Leistungen zurückfordern (siehe Kapitel 14). Jeder Bescheid muss eine **Rechtsbehelfsbelehrung** enthalten. Dort steht, wo und bis wann Sie Widerspruch gegen den Bescheid einlegen können (mehr dazu siehe Kapitel 13).

Das Jobcenter bewilligt die Leistungen normalerweise für 12 Monate. Wenn Sie länger hilfebedürftig sind, müssen Sie einen **Folgeantrag** stellen. Wenn Sie dies nicht tun, erhalten Sie keine Leistungen mehr. Dann sind Sie auch nicht mehr krankenversichert. Geben Sie den Folgeantrag beim Jobcenter rechtzeitig ab, das heißt vier bis sechs Wochen vor dem Ende der alten Bewilligung.

Welche weiteren Hilfen und Maßnahmen Ihre Aussichten auf eine Arbeit verbessern können, soll eine **Fallmanagerin** oder ein **Fallmanager** im persönlichen Gespräch zusammen mit Ihnen entwickeln (siehe Kapitel 10). Solche sogenannten Eingliederungsleistungen soll das Jobcenter Ihnen sofort anbieten. Dazu gehören zum Beispiel mögliche Weiterbildungsmaßnahmen oder auch andere Hilfen wie eine Schuldnerberatung.

Kapitel 3: Wie viel Geld können meine Familie und ich bekommen?

Gesetzliche Grundlage: §§ 19 ff., 42 Absatz 4 SGB 2

Alle erwerbsfähigen Familienmitglieder erhalten **Arbeitslosengeld 2**. Kinder unter 15 Jahren und nicht erwerbsfähige Personen in der Bedarfsgemeinschaft erhalten **Sozialgeld**.

AUSNAHME Angehörige, die einen Anspruch auf Rente wegen Alters haben und Personen mit dauerhafter voller Erwerbsminderung erhalten kein Sozialgeld. Sie bekommen Grundsicherung vom Sozialamt nach dem Sozialgesetzbuch 12.

Die Bedarfsgemeinschaft bekommt einen gemeinsamen Bescheid über die Leistungen. In dem Bescheid steht genau, welche Leistung jede Person bekommt (siehe den Musterbescheid am Ende dieser Broschüre).

Das Geld wird monatlich ab dem 1. des Antragsmonats ausgezahlt. Wenn sich während der laufenden Leistungen etwas ändert, rechnet das Jobcenter genau nach Tagen.

Die Leistungen werden vom Jobcenter kostenlos auf Ihr **Konto** überwiesen. Dafür müssen Sie dem Jobcenter Ihre Kontodaten angeben (IBAN und BIC). Das Konto muss in Deutschland sein. Alle volljährigen Personen in Deutschland haben ein Recht auf ein Girokonto (Basiskonto). Wenn Sie dennoch kein Konto haben, bekommen Sie das Geld vom Postboten ausbezahlt. Dafür müssen Sie eine Gebühr bezahlen.

Falls Sie Schulden haben: Die Leistungen zur Sicherung des Lebensunterhalts dürfen nicht gepfändet werden. Um eine Pfändung zu verhindern, zeigen Sie den Bescheid des Jobcenters bei Ihrer Bank vor. Außerdem können Sie bei Ihrer Bank oder Sparkasse ein sogenanntes P-Konto eröffnen. Ein P-Konto kann nicht gepfändet werden.

Das laufende Arbeitslosengeld 2 und das Sozialgeld setzen sich aus verschiedenen **Teilbeträgen** zusammen:

- Regelbedarf für Erwachsene und Kinder = notwendiges Geld „für den Alltag“ (siehe unten Abschnitt 1)
- Mehrbedarfe = zusätzliches Geld in besonderen Lebenssituationen (siehe unten Abschnitt 2)
- Bedarf für Unterkunft, Heizung, Warmwasser (siehe Kapitel 4)
- Bedarfe für Schule, Kindergarten und Freizeit für Kinder und Jugendliche (siehe Kapitel 5).

Darüber hinaus gibt es **besondere Leistungen**:

- Einmalige Leistungen in besonderen Situationen (siehe unten Abschnitt 3.)
- Darlehen bei unabweisbarem Bedarf (siehe unten Abschnitt 4)
- Übernahme von Mietschulden (siehe Kapitel 4, Abschnitt 8).

Schließlich werden **Sozialversicherungsbeiträge** übernommen für die

- Kranken- und Pflegeversicherung (siehe unten Abschnitt 5).

1. Regelbedarf für Erwachsene und Kinder

Gesetzliche Grundlage: § 20 SGB 2

Der Regelbedarf ist in ganz Deutschland gleich. Jedes Jahr zum 1. Januar wird der Regelbedarf an die Entwicklung der Löhne und Preise angepasst. Der Regelbedarf ist abhängig vom Alter und der Stellung im Haushalt. Er beträgt seit 1. Januar 2020 für

Alleinstehende, Alleinerziehende	432,00 €
Personen ab 25 Jahren im Haushalt der Eltern/eines Elternteils	432,00 €
Personen in einer Ehe oder Partnerschaft	389,00 €
Kinder von 18 bis 24 Jahren im Haushalt der Eltern/eines Elternteils	345,00 €
Kinder von 14 bis 17 Jahren im Haushalt der Eltern/eines Elternteils	328,00 €
Kinder von 6 bis 13 Jahren	308,00 €
Kinder von 0 bis 5 Jahren	250,00 €

Lebt ein Kind abwechselnd bei Mutter und Vater, wird sein Regelbedarf auf beide Haushalte aufgeteilt.

! Personen unter 25 Jahren benötigen für den Auszug aus der elterlichen Wohnung und den Bezug einer eigenen Wohnung die Zustimmung des Jobcenters. Bei einem Auszug ohne diese Zustimmung bekommen sie auch außerhalb des elterlichen Haushalts nur einen Regelbedarf von 345,00 € und keine Leistungen für die Wohnung (siehe Kapitel 4, Abschnitt 7d).

2. Mehrbedarfe = zusätzliches Geld in besonderen Lebenssituationen

Gesetzliche Grundlage: §21 SGB 2

Es gibt verschiedene Lebenssituationen, die mit besonderen Kosten verbunden sind. In diesen Fällen wird ein finanzieller **Mehrbedarf** als Zuschlag gezahlt:

a) bei Schwangerschaft
b) für Alleinerziehende
c) bei Erkrankungen, die eine kostenaufwändige Ernährung erfordern
d) für behinderte Menschen (unter bestimmten weiteren Voraussetzungen)
e) für nichterwerbsfähige Schwerbehinderte mit Merkzeichen G
f) für unbedingt notwendige (unabweisbare), laufende besondere Bedarfe (Härtefälle)
g) für die Bereitung von Warmwasser.

Wenn Sie mehrere Mehrbedarfszuschläge gleichzeitig bekommen, gilt:

Die Gesamtsumme der Mehrbedarfe darf nicht höher sein als der Betrag des persönlichen Regelbedarfs, z. B. bei Alleinstehenden 432,00 €.

a) Mehrbedarf bei Schwangerschaft

Der Mehrbedarf wird ab der 13. Schwangerschaftswoche gezahlt. Er beträgt 17 % des jeweiligen Regelbedarfs, der der Schwangeren zusteht.

Es erhalten also zusätzlich:

Alleinstehende Schwangere 17 % von 432,00 €	73,44 €
Schwangere in einer Partnerschaft / Ehe 17 % von 389,00 €	66,13 €
Schwangere unter 25 Jahre im Haushalt der Eltern 17 % von 345,00 €	58,65 €

b) Mehrbedarf für Alleinerziehende

Wenn Sie allein mit einem oder mehreren minderjährigen Kindern zusammenleben und allein für die Pflege und Erziehung der Kinder sorgen, dann bekommen Sie einen Zuschlag in Höhe von 12 % Ihres Regelbedarfs für jedes minderjährige Kind, höchstens jedoch 60 % Ihres Regelbedarfs.

In bestimmten Fällen ist der Mehrbedarf erhöht:

Ist das Kind unter 7 Jahre oder sind 2 Kinder unter 16 Jahre, bekommen Sie einen Mehrbedarf von 36 % Ihres Regelbedarfs.

Der Regelbedarf für Alleinerziehende beträgt 432,00 €. Daraus ergeben sich für den Mehrbedarf folgende **Beträge**:

für ein Kind: 12 % von 432,00 €	51,84 €
für ein Kind unter 7 Jahre: 36 % von 432,00 €	155,52 €
für zwei Kinder: 24 % von 432,00 €	103,68 €
für zwei Kinder unter 16 Jahre: 36 % von 432,00 €	155,52 €
für drei Kinder: 36 % von 432,00 €	155,52 €
für vier Kinder: 48 % von 432,00 €	207,30 €
für fünf Kinder: 60 % von 432,00 €	259,20 €

Wenn Sie 2 oder 3 Kinder unter 7 Jahren haben, bekommen Sie nicht mehr als mit nur einem Kind unter 7 Jahren, also 155,52 €. Wenn zwei Personen – zum Beispiel die geschiedenen Eltern – ihr Kind abwechselnd allein betreuen, bekommt jeder den halben Mehrbedarf.

c) Mehrbedarf bei Erkrankungen, die eine kostenaufwändige Ernährung erfordern

Personen, die aus medizinischen Gründen eine teure Ernährung benötigen, haben Anspruch auf einen Mehrbedarf. Es geht hier nur um Mehrbedarf für Ernährung, nicht um andere Kosten, die mit (chronischen) Krankheiten verbunden sind.

Die meisten Jobcenter und auch Gerichte beziehen sich bei der Bewilligung auf **Empfehlungen des Deutschen Vereins** für öffentliche und private Fürsorge vom 10. Dezember 2014. Sie sind im Internet zu finden unter www.deutscher-verein.de → Empfehlungen/Stellungnahmen → 2014 → Krankenkostzulagen.

Ein Mehrbedarf wird angenommen bei **verzehrenden Erkrankungen** und **gestörter Aufnahme von Nährstoffen**, wie zum Beispiel fortschreitende Krebserkrankungen, AIDS, Multiple Sklerose und schwere entzündliche Darmerkrankungen.

Auch bei anderen Erkrankungen kann ein Mehrbedarf bestehen, nämlich dann, wenn durch die Krankheit ein **erhöhter Ernährungsbedarf** entsteht. Dies wird angenommen bei einem krankheitsbedingten Untergewicht (Body-Maß-Index unter 18,5) und bei krankheitsbedingtem Gewichtsverlust von mindestens 5 % in den letzten drei Monaten.

Mehrbedarfe werden auch angenommen bei **fortgeschrittener Mukoviszidose, Niereninsuffizienz** und **Zöliakie**. Bei verzehrenden Erkrankungen und bei Niereninsuffizienz, die mit eiweißdefinierter Kost behandelt wird, wird 10 % des Regelbedarfs eines Alleinstehenden als Mehrbedarf angenommen, also 43,20 € monatlich. Bei Niereninsuffizienz mit Dialysediät und bei Zöliakie ist der Mehrbedarf doppelt so hoch, also 86,40 € monatlich.

In **besonderen Einzelfällen** kann das Jobcenter einen höheren Mehrbedarf bewilligen. Dies gilt besonders, wenn mehrere Erkrankungen vorliegen.

Auch bei **Nahrungsmittelunverträglichkeiten** kann ein Anspruch bestehen, einen Mehrbedarf für notwendige teure Ersatzstoffe zu erhalten.

In jedem Fall müssen Sie eine **ärztliche Bescheinigung** vorlegen. Sie muss die Erkrankung und die Notwendigkeit kostenaufwändiger Ernährung enthalten.

d) Mehrbedarf für behinderte Menschen

Behinderte Menschen, die 15 Jahre oder älter sind, bekommen einen Mehrbedarf, wenn sie folgende Leistungen erhalten:

- Leistungen zur Teilhabe am Arbeitsleben (vom Sozialamt oder einem anderen Träger; gilt nicht bei Berufsvorbereitung und Berufsausbildung) oder
- Eingliederungshilfen nach §54 Absatz 1 Sozialgesetzbuch 12 zur Schulbildung oder Ausbildung.

Der Bescheid über diese Leistungen muss zusammen mit dem Antrag auf Mehrbedarf als Nachweis eingereicht werden. Der Mehrbedarf beträgt 35 % des jeweiligen Regelbedarfs.

	Regelbedarf	Mehrbedarf
Alleinstehende	432,00 €	151,20 €
in Partnerschaft	389,00 €	136,15 €
Kind 15 bis 17 Jahre	328,00 €	114,80 €
Kind 18 bis 24 Jahre	345,00 €	120,75 €

e) Mehrbedarf für nichterwerbsfähige Schwerbehinderte mit Merkzeichen G

Nicht erwerbsfähige Mitglieder der Bedarfsgemeinschaft, die in ihrem Schwerbehindertenausweis das Merkzeichen G haben, erhalten einen Mehrbedarf von 17 % ihres Regelbedarfs. Sie erhalten diesen Mehrbedarf nicht, wenn sie bereits einen Mehrbedarf für behinderte Menschen bekommen (siehe Abschnitt d).

f) Mehrbedarf für unabweisbare, laufende besondere Bedarfe

Wenn bei Ihnen ein unabweisbarer, laufender besonderer Bedarf besteht, haben Sie einen Anspruch darauf, dass dieser im Rahmen eines Mehrbedarfs gedeckt wird. Das können zum Beispiel **medizinisch notwendige Medikamente oder Pflegemittel** sein, die Sie brauchen und die nicht von der Krankenkasse bezahlt werden. Das können Kosten für eine **zwingend benötigte Hilfe im Haushalt** sein, etwa wenn Sie länger schwer krank sind oder nach einem Unfall. Auch die Fahrtkosten für den **Umgang der Eltern mit ihren Kindern** können dazugehören.

TIPP

Sind Ihre Kinder für ein Wochenende oder in den Schulferien bei Ihnen zu Besuch, können Sie beim Jobcenter einen Antrag auf Übernahme der Kosten für den Lebensunterhalt stellen (zeitweilige Bedarfsgemeinschaft). Voraussetzung ist, dass der andere Elternteil diese Kosten nicht zahlt. Das Jobcenter zahlt pro Tag und Kind 8,33 € (bis 5 Jahre), 10,27 € (6 bis 13 Jahre) oder 10,93 € (14 bis 17 Jahre).

Im Jahr 2019 hat das Bundessozialgericht mehrfach entschieden, dass auch die Kosten für **Schulbücher**, soweit für sie keine Lehrmittelfreiheit besteht, als unabweisbarer Bedarf vom Jobcenter übernommen werden müssen. Einzelne Sozialgerichte haben auch Kosten für in der Schule benötigte **PC, Laptops und Drucker** zugesprochen.

Aktuelle Hinweise finden Sie bei www.tacheles-sozialhilfe.de unter „Schulbedarfskampagne".

g) Mehrbedarf für die Bereitung von Warmwasser

In vielen Wohnungen wird das Warmwasser von der Heizung erzeugt. In diesen Fällen werden die Energiekosten dafür im Rahmen der Heizkosten berücksichtigt (siehe Kapitel 4).

In manchen Wohnungen wird das **warme Wasser über andere Geräte erzeugt**, zum Beispiel besondere Elektrogeräte unter dem Waschbecken oder für die Dusche. Für diesen zusätzlichen Energiebedarf erhalten Sie einen Mehrbedarf. Der Mehrbedarf richtet sich nach dem Regelbedarf und wird für jede einzelne leistungsberechtigte Person in Ihrem Haushalt berechnet:

Personen mit Regelbedarf in Höhe von	Mehrbedarf für Warmwasser
432,00 €	9,94 €
389,00 €	8,95 €
345,00 €	7,94 €
328,00 €	4,59 €
308,00 €	3,70 €
250,00 €	2,00 €

3. Einmalige Leistungen in besonderen Situationen

Gesetzliche Grundlage: § 24 SGB 2

Die Regelbedarfe sollen alle Bedarfe des täglichen Lebens abdecken. In wenigen Sonderfällen sind zusätzliche Zahlungen als einmalige Leistungen vorgesehen:

a) Erstausstattung für die Wohnung
b) Erstausstattung für Bekleidung, Schwangerschaftsbekleidung und Säuglings-Erstausstattung
c) Orthopädische Schuhe und therapeutische Geräte
d) Einmalige Leistungen für Personen, die keine monatlichen SGB 2-Leistungen bekommen.

a) Erstausstattung für die Wohnung

In diesen Fällen kann eine Erstausstattung mit Möbeln und Haushaltsgeräten bewilligt werden:

- Sie ziehen zum ersten Mal in eine eigene Wohnung.
- Sie ziehen von einer möblierten Wohnung in eine Wohnung ohne Möbel.
- Sie hatten längere Zeit keine eigene Wohnung (zum Beispiel nach einem längeren Aufenthalt im Ausland, Aufenthalt in betreutem Wohnen, Strafhaft oder nach Obdachlosigkeit).

Auch nach einer Trennung oder **Scheidung** können fehlende Möbel und Hausrat beantragt werden, wenn aus einem Haushalt zwei neue Wohnungen mit Möbeln und Geräten ausgestattet werden müssen.

Wenn ein Kind geboren wird und ein Kinderzimmer neu eingerichtet werden muss, kann dafür eine Erstausstattung beantragt werden. Das gilt auch für ein Jugendbett, wenn Ihr Kind für das Kinderbett zu groß geworden ist.

b) Erstausstattung für Bekleidung, Schwangerschaftsbekleidung und Säuglings-Erstausstattung

Bei Schwangerschaft und Geburt kann Schwangerschaftsbekleidung und eine Erstausstattung für den Säugling beantragt werden. Zu der Erstausstattung für den Säugling gehören auch Kinderwagen, eine Matratze und Bettwäsche.

Wurde in den letzten zwei bis drei Jahren zuvor bereits ein Kind geboren, wird häufig die Erstausstattung nicht in voller Höhe bewilligt. Das Jobcenter geht dann davon aus, dass von der Ausstattung für das letzte Kind noch einiges benutzt werden kann.

Eine Erstausstattung für Bekleidung kann nur bei außergewöhnlichen Ereignissen beantragt werden. Zum Beispiel bei einem kompletten Verlust der Kleidung durch einen Wohnungsbrand.

c) Orthopädische Schuhe und therapeutische Geräte

Wenn Sie ein Rezept für **orthopädische Schuhe** bekommen haben, übernimmt das Jobcenter die **zusätzlichen** Kosten für die Anschaffung und die Reparatur dieser Schuhe. Die Kosten für normale Schuhe werden angerechnet. Das gleiche gilt für Miete und Reparaturkosten für notwendige **therapeutische Geräte** und Ausrüstungen. Diese Leistungen bekommen Sie nur, wenn Sie einen zusätzlichen Antrag stellen.

d) Einmalige Leistungen für Personen, die keine monatlichen SGB 2-Leistungen bekommen

Auch ohne dass Sie monatliche SGB 2-Leistungen bekommen, können Sie einmalige Leistungen beantragen. Sie bekommen dann nur einen Teil der Kosten. Das Jobcenter berechnet, um wieviel Ihr Einkommen über Ihrem Bedarf liegt. Als Ihren Beitrag zu den Kosten für notwendige Anschaffungen müssen Sie diesen monatlichen Betrag bis 7 Monate lang ansparen. Das bedeutet: Höchstens so lange kann das Jobcenter diesen Betrag monatlich von Ihren Leistungen abziehen.

BEISPIEL

Frau Körner ist alleinerziehend und berufstätig. Sie hat keinen Anspruch auf monatliche SGB 2-Leistungen. Für ihre 12-jährige Tochter braucht sie ein neues Jugendbett, das 180,00 € kostet. So rechnet das Jobcenter:

	Bedarf	Einkommen
Regelbedarf Mutter	432,00 €	
Regelbedarf Tochter	308,00 €	
Mehrbedarf für eine Alleinerziehende	51,84 €	
Miete inkl. Heizkosten	400,00 €	
Summe Bedarf	**1.191,84 €**	
Anrechenbares Erwerbseinkommen		815,00 €
Kindergeld		204,00 €
Kindesunterhalt		190,00 €
Summe Einkommen		**1.209,00 €**
Übersteigendes Einkommen pro Monat		**17,16 €**
Übersteigendes Einkommen 7 Monate (= Eigenanteil)		**120,12 €**

Das Einkommen ist um 17,16 € höher als der monatliche Bedarf. Dieser Betrag kann für den Antragsmonat und bis zu 6 weitere Monate angerechnet werden. Das ergibt für 7 Monate insgesamt 120,12 €. Um das Bett (180,00 €) zu bezahlen, fehlen dann noch 59,88 €, die als Zuschuss bewilligt werden.

4. Vorschuss und Darlehen bei unabweisbarem Bedarf

→ Vorschuss

Gesetzliche Grundlage: §42 Absatz 2 SGB 2

Auf Antrag kann das Jobcenter Ihnen einen Vorschuss in Höhe von 100 € auszahlen. Sie müssen diesen Antrag nicht begründen. Der Vorschuss wird vom Geld für den nächsten Monat abgezogen. Das Jobcenter zahlt einen solchen Vorschuss für höchstens zwei Monate nacheinander. Den Vorschuss gibt es nicht, wenn die Leistung im folgenden Monat aus anderen Gründen bereits verringert ist, etwa wegen einer Rückforderung (Sanktion) oder bei anderen Aufrechnungen.

→ Darlehen

Gesetzliche Grundlage: §24 Absatz 1 SGB 2

Ein unabweisbarer Bedarf ist ein Bedarf, der eigentlich durch den Regelbedarf abgedeckt wäre, der aber nicht gedeckt und nicht aufgeschoben werden kann, weil das Geld dafür fehlt. Beispiele: **Dringende Anschaffungen** oder **Reparaturen**, Ersatz nach Verlust oder Diebstahl usw. Das Jobcenter kann in diesen Fällen auf Antrag ein **Darlehen** bewilligen. Ist Vermögen vorhanden, gibt es dieses Darlehen nicht.

Unabweisbar bedeutet auch, dass der Bedarf unbedingt notwendig ist und so schnell wie möglich gedeckt werden muss. So muss ein **defekter Kühlschrank** sofort ersetzt werden. Der Kauf eines neuen Fernsehgeräts dagegen könnte aufgeschoben werden, bis das Geld angespart wurde. Das Jobcenter kann entscheiden, ob der Bedarf durch eine Geld- oder Sachleistung gedeckt wird. Es könnte zum Beispiel einen Kühlschrank aus einem Möbellager bewilligen.

Auch **Nachzahlungen für Strom** können als Darlehen übernommen werden, um zu verhindern, dass der Strom abgestellt wird (siehe Kapitel 4 Abschnitt 8).

Das Jobcenter verrechnet das Darlehen mit den zukünftigen SGB 2-Leistungen. Das heißt, ab dem Folgemonat wird weniger Geld ausgezahlt: Vom Regelbedarf werden 10 % abgezogen.

5. Kranken- und Pflegeversicherung

Gesetzliche Grundlage: §5 Absatz 1 Nr. 2a SGB 5, §20 Absatz 1 Nr. 2a SGB 11, §26 SGB 2

a) Pflichtversicherung in der gesetzlichen Kranken- und Pflegeversicherung

BezieherInnen von SGB 2-Leistungen sind **pflichtversichert** in der gesetzlichen Krankenversicherung und Pflegeversicherung. Sie können in ihrer Krankenkasse bleiben; das Jobcenter zahlt den Beitrag.

Krankenkassen können einen **Zusatzbeitrag** verlangen. Sie müssen diesen Zusatzbeitrag aber nicht bezahlen, wenn Sie der Krankenkasse Ihren Bescheid über die SGB 2-Leistungen zeigen.

Die Pflichtversicherung besteht nur, wenn Sie mindestens eine der folgenden Leistungen vom Jobcenter erhalten:

- Regelbedarf zur Sicherung des Lebensunterhalts, egal, ob Sie Geld oder Sachleistungen bekommen
- Leistungen für Mehrbedarfe
- Leistungen für Unterkunft und Heizung.

Sie müssen die Beiträge für die gesetzliche Krankenversicherung und Pflegeversicherung aber selbst bezahlen, wenn Sie **ausschließlich** eine der folgenden Leistungsarten erhalten:

- Leistungen, die nur als Darlehen erbracht werden
- Einmalleistungen

Wenn Sie bereits über Ihren Partner oder Ihre Partnerin oder Ihre Eltern krankenversichert sind (Familienversicherung), bleibt diese Krankenversicherung bestehen. Kinder ab dem Alter von 15 Jahren gelten als erwerbsfähig und haben Anspruch auf Arbeitslosengeld 2. Deshalb werden sie eigenständig in der gesetzlichen Kranken- und Pflegeversicherung versichert und nicht mehr im Rahmen der Familienversicherung. Die Kosten für die Beiträge werden vom Jobcenter übernommen.

b) Private Kranken- und Pflegeversicherung

Sie können in Ihrer **Privatversicherung** bleiben, wenn Sie SGB 2-Leistungen beziehen. Sie sollten dann in den Basistarif wechseln. Beim Basistarif entsprechen die Beiträge und Leistungen denen der gesetzlichen Krankenversicherung.

Die Privatversicherung darf bei SGB 2-Leistungsempfängern nur den halben Basistarif verlangen. In jedem Fall muss das Jobcenter für Sie höchstens die Kosten für den halben Basistarif übernehmen, auch wenn Sie nicht im Basistarif versichert sind.

Auch bei der privaten Pflegeversicherung gibt es einen Basistarif. Hier gilt der halbe Höchstbeitrag, der in der gesetzlichen Pflegeversicherung gilt, als obere Grenze.

c) Zuschuss zur Krankenversicherung

Wenn Sie vor dem Bezug von SGB 2-Leistungen in der Krankenversicherung versichert waren und Sie allein durch die Zahlung des Beitrags beziehungsweise der Versicherungsprämie hilfebedürftig würden, wird ein Zuschuss zum Beitrag geleistet. Stellen Sie in einer der folgenden Situationen beim Jobcenter einen Antrag auf Zuschuss für die Krankenversicherung:

- Sie sind in der gesetzlichen Krankenversicherung versichert und brauchen nur deshalb SGB 2-Leistungen, weil Sie den Betrag nicht vollständig alleine bezahlen können. In diesem Fall bekommen Sie vom Jobcenter den fehlenden Betrag als Zuschuss, der direkt an die Krankenkasse bezahlt wird. Dies Problem betrifft besonders eheähnliche Lebensgemeinschaften mit nur einem Verdiener, denn für sie gibt es keine kostenlose Familienversicherung – anders als bei Ehepaaren.
- Sie sind in der privaten Krankenversicherung versichert und brauchen nur deshalb SGB 2-Leistungen, weil Sie den Basistarif nicht vollständig alleine bezahlen können. In diesem Fall wird der Beitrag auf die Hälfte gesenkt, solange sich Ihre Situation nicht verbessert. Sie müssen dazu eine Bescheinigung des Jobcenters bei Ihrer Privatversicherung vorlegen. Können Sie auch den halben Basistarif nicht bezahlen, bekommen Sie vom Jobcenter den fehlenden Betrag als Zuschuss. Der Beitrag wird direkt an die Privatversicherung gezahlt.

Auch für die Pflegeversicherung kann das Jobcenter einen Zuschuss bewilligen. Dafür gelten die gleichen Regeln wie für die Krankenversicherung.

Kapitel 4: Kosten für die Unterkunft (Miete, Nebenkosten, Heizkosten, Warmwasser)

Gesetzliche Grundlage: §§22 bis 22c SGB 2

Zu den SGB 2-Leistungen gehören auch die Kosten der Unterkunft. Das Jobcenter prüft die Übernahme der Kosten in jedem Einzelfall. Es zahlt die **Kosten der Unterkunft in voller Höhe auf Dauer nur, wenn sie angemessen** sind.

Wenn Sie zum ersten Mal einen Antrag auf SGB 2-Leistungen stellen, werden die Kosten der Unterkunft auf jeden Fall für einen Übergangszeitraum in voller Höhe übernommen; meistens für 6 Monate. Wenn das Jobcenter Ihre Kosten für die Unterkunft für unangemessen hoch hält, wird das Jobcenter Sie auffordern, die Kosten zu senken. Dazu muss es Ihnen in der Regel 6 Monate Zeit geben. Die Frist von 6 Monaten beginnt, wenn Sie diese Aufforderung erhalten.

Der Übergangszeitraum soll Ihnen ermöglichen, die Kosten zu senken, zum Beispiel durch Umzug in eine billigere Wohnung.

Das Jobcenter kann die Leistungen für die Mietkosten sofort ohne Übergangsfrist auf das angemessene Maß kürzen, wenn Sie kurz vor dem Antrag auf SGB 2-Leistungen in eine zu teure Wohnung eingezogen sind.

Bei einer Bedarfsgemeinschaft werden die Unterkunftskosten zu gleichen Teilen auf **alle** Personen verteilt.

Zu den Unterkunftskosten gehören:

1. Miete
2. Nebenkosten (Betriebskosten)
3. Heizkosten und Warmwasser
4. Renovierungskosten/Schönheitsreparaturen
5. Unterkunftskosten bei Wohneigentum.

Bei den Unterkunftskosten sind außerdem folgende Punkte wichtig:

6. Zahlung der Unterkunftskosten
7. Umzug
8. Übernahme von Mietschulden und Schulden für Energie und Wasser.

1. Miete

Auf Dauer werden nur angemessene Mietkosten übernommen. Für die Prüfung, ob die Mietkosten angemessen sind, ist entscheidend:

- ➔ die Größe der Wohnung und die Zahl der Bewohner
- ➔ die Höhe der Miete.

a) Größe der Wohnung und Zahl der Bewohner

Für die Prüfung, ob die Größe der Wohnung angemessen ist, gibt es folgende Richtwerte. Diese orientieren sich an den Vorschriften des Sozialen Wohnungsbaus:

Anzahl der Personen im Haushalt	Größe der Wohnung bis	Anzahl der Räume
1 Person	45 bis 50 m^2	1 – 2
2 Personen	60 m^2	2
3 Personen	75 bis 80 m^2	3
4 Personen	85 bis 90 m^2	4
5 Personen	95 bis 105 m^2	5
für jede weitere Person	10 bis 15 m^2	

Bei der Wohnungsgröße müssen auch andere Faktoren berücksichtigt werden: zum Beispiel die Aufteilung der Wohnung oder der erhöhte Bedarf eines Rollstuhlfahrers. **Entscheidend** ist jedoch die **Höhe der Miete** und nicht die Größe der Wohnung. Ist also die Miete für die Wohnung angemessen, darf das Jobcenter keinen Auszug verlangen, auch wenn die Wohnung zu groß ist. Es muss in diesem Fall die volle Miete anerkennen. Besonderheiten kann es geben, wenn bei getrenntlebenden Eltern ein oder mehrere Kinder nicht durchgängig im Haushalt sind, sondern nur zeitweise. Wenn der Zeitraum der Anwesenheit eines Kindes mindestens 1/3 des Jahres umfasst, das Kind also mind. 120 Tage im Jahr mit jeweils 12 Std. pro Tag im Haushalt ist, muss das Kind bei der Wohnungsgröße und dem angemessenen Mietpreis unter Umständen berücksichtigt werden.

b) Höhe der Miete

Die Miethöhe wird auf unterschiedliche Weise geprüft.

Die Jobcenter müssen für die Mietobergrenze eigene Maßstäbe entwickeln. Diese Maßstäbe müssen sich immer nach den konkreten Verhältnissen der jeweiligen Stadt oder Gemeinde richten. Es müssen auch wirklich Wohnungen zu den vorgegebenen Mietpreisen zur Verfügung stehen. Wenn es einen Mietpreisspiegel gibt, kann dieser bei der Prüfung auf Angemessenheit als Maßstab benutzt werden. Die Mietobergrenzen aus dem Wohngeldgesetz sind nicht ausreichend, um eine angemessene Miete zu bestimmen.

Das **Bundessozialgericht** stellt strenge **Anforderungen** an die Festlegung der angemessenen Miethöhe. Es verlangt von den Jobcentern dafür ein **schlüssiges Konzept**. Es gab schon viele Gerichtsverfahren wegen der angemessenen Miethöhe und in vielen Fällen hat das Bundessozialgericht die **Konzepte und Ermittlungen** der beklagten Jobcenter bzw. Kommunen abgelehnt.

TIPP

Ein Gerichtsverfahren kann sich also lohnen. Lassen Sie sich beraten.

Nur wenn es keinen Mietpreisspiegel gibt und das Jobcenter auch nicht auf andere Weise konkrete Informationen über den Wohnungsmarkt gewinnen kann, darf es sich hilfsweise an den **Mietobergrenzen des Wohngeldgesetzes** orientieren. Als **Orientierung** können diese Mietobergrenzen auch für Sie nützlich sein. In der Tabelle finden Sie die aktuellen Höchstbeträge nach dem Wohngeldgesetz.

Jede Gemeinde und jeder Landkreis **ist einer Mietenstufe** von 1 bis 7 **zugeordnet**. Großstädte haben höhere Mietenstufen (z. B. Stufe 7: München; Stufe 6: Hamburg, Köln, Düsseldorf, Stuttgart, Frankfurt am Main; Stufe 5: Bonn, Lüneburg, Marburg; Stufe 4: Essen, Bremen, Marburg). Viele kleinere Städte und Landkreise haben Mietenstufe 2 oder 3. Die Mietenstufe für Ihren Wohnort können Sie bei Ihrer Gemeindeverwaltung erfahren oder im Internet unter www.smart-rechner.de/Wohngeld/Ratgeber/Mietstufen.

Mietobergrenzen gemäß § 12 Wohngeldgesetz (Auszug)

in Gemeinden mit Mieten der Stufe	**1**	**2**	**3**	**4**	**5**	**6**	**7**
in einem Haushalt mit	€	€	€	€	€	€	€
1 Alleinstehenden	338	381	426	478	525	575	633
2 Familienmitgliedern	409	461	516	579	636	697	767
3 Familienmitgliedern	487	549	614	689	757	830	912
4 Familienmitgliedern	568	641	716	803	884	968	1.065
5 Familienmitgliedern	649	732	818	918	1.010	1.106	1.217
zusätzlicher Betrag für jedes weitere Familienmitglied	77	88	99	111	121	139	153

Die Werte beziehen sich auf die Summe aus Miete und Nebenkosten. Die **Heizkosten** sind nicht enthalten.

Bei vielen Jobcentern gibt es oberhalb der eigentlichen Mietobergrenze einen **Bagatellzuschlag** von 5 % bis 10 %. Das heißt: Sie bekommen keine Aufforderung zur Kostensenkung, auch wenn Ihre Mietkosten um 5 % bis 10 % höher sind als die angemessenen Mietkosten. Die Kosten werden weiter übernommen. Viele Sozialgerichte und auch das Bundessozialgericht erkennen auf die oben abgedruckten Beträge der Wohngeldtabelle noch einen Sicherheitszuschlag in Höhe von 10 % an.

Angemessene Miete bei Wohngemeinschaften

In einer Wohngemeinschaft leben mehrere Alleinstehende zusammen. Für jedes Mitglied der Wohngemeinschaft gilt die Mietobergrenze wie für einen Alleinstehenden.

Einige Jobcenter wenden jedoch die Angemessenheitsgrenzen für Bedarfsgemeinschaften auch auf Wohngemeinschaften an. Dies ist nach einem Urteil des Bundessozialgerichts nicht zulässig.

c) Was geschieht, wenn die Mietkosten unangemessen sind?

Wenn Ihre Mietkosten die **angemessene Höhe übersteigen**, müssen Sie diese innerhalb der Übergangsfrist durch einen Umzug, durch Untervermietung oder auf andere Weise senken.

Bei einem Erstantrag wird für einen **Übergangszeitraum** auch eine unangemessen hohe Miete gezahlt. Dieser Zeitraum umfasst normalerweise **6 Monate**. Sie werden schriftlich darüber informiert, dass Ihre Miete unangemessen hoch ist und wie lange diese noch anerkannt wird. Gleichzeitig werden Sie aufgefordert, bis zu diesem Stichtag die Mietkosten zu senken. Gegen ein solches Schreiben ist nach allgemeiner Meinung ein Widerspruch nicht möglich.

! Wenn Sie nach Ablauf der Frist keine angemessene Wohnung gefunden haben und Sie sich nicht ausreichend um die Senkung der Mietkosten bemüht haben, können die Leistungen für Unterkunft auf die angemessene Höhe gekürzt werden.

d) Wie können Sie die Mietkosten senken?

Sie können

- in eine billigere Wohnung umziehen,
- untervermieten, falls die Wohnung groß genug ist,
- versuchen, durch Gespräche mit dem Vermieter eine Senkung der Miete zu erreichen.

TIPP

Bei der Suche nach einer billigeren Wohnung sollten Sie unbedingt Adressen, Ansprechpersonen und Daten aufschreiben. So können Sie belegen, dass Sie ernsthaft nach einer günstigeren Wohnung gesucht haben. Das ist wichtig, denn das Jobcenter muss die Frist verlängern, wenn Sie trotz ausreichender Bemühungen innerhalb der vorgegebenen Frist keine Wohnung finden konnten. Die Jobcenter müssen die Anforderungen an die Wohnungssuche im Voraus festlegen. Das verlangen die Sozialgerichte.

Die Kosten, die bei der Wohnungssuche entstehen, müssen vom Jobcenter erstattet werden. Dafür müssen Sie einen zusätzlichen Antrag stellen.

! Wenn Sie eine Wohnung finden, müssen Sie unbedingt die Zustimmung des Jobcenters einholen, bevor Sie den Mietvertrag unterschreiben. Das ist auch notwendig, damit das Jobcenter die Umzugskosten und die Mietsicherheit (Kaution) als Darlehen bewilligt – auch für diese Kosten müssen Sie einen zusätzlichen Antrag stellen.

e) Härtefall

Manchmal ist ein Umzug trotz zu hoher Unterkunftskosten nicht zumutbar. Dafür kann es persönliche Gründe geben. Zum Beispiel:

- Krankheit,
- hohes Alter und/oder lange Wohndauer,
- drohender Verlust von Nachbarn, Bekannten und Verwandten,
- berufliche Gründe,
- durch einen Umzug drohender Schulwechsel der Kinder.

Wenn absehbar ist, dass Sie nur vorübergehend SGB 2-Leistungen benötigen (etwa während der Elternzeit), ist in der Regel eine Umzugsaufforderung nicht möglich.

TIPP

Wenn es Härtefallgründe gibt, machen Sie diese schriftlich beim Jobcenter geltend.

2. Nebenkosten (Betriebskosten)

Nebenkosten sind alle Kosten, die nach der **Betriebskostenverordnung** auf Mieter verteilt werden können. Dazu gehören z. B. Wasser, Abwasser, Grundsteuern, Hausversicherungen, Straßenreinigung, Beleuchtung der Gemeinschaftsflächen, Hausmeister, Schornsteinfeger usw. Umstritten sind manchmal die Kosten für den **Kabel-TV-Anschluss** und für **Stellplätze/Garagen**. Wenn Sie die Wohnung nur mit Kabel-TV-Anschluss und/oder Garage mieten konnten und die Gesamtkosten angemessen sind, muss das Jobcenter diese Kosten anerkennen. Wenn Sie aber selbst den Kabel-TV-Anschluss bestellt oder die Garage zusätzlich gemietet haben, werden diese Kosten nicht übernommen. Entscheidend sind die Vereinbarungen im Mietvertrag.

Es kann sein, dass im laufenden Mietverhältnis weitere Nebenkosten auf die Mietparteien verteilt werden sollen, zum Beispiel für die Hausreinigung. Wenn dadurch die Nebenkosten insgesamt unangemessen hoch werden und die Obergrenze überschreiten, sollten Sie der Erhöhung zunächst nicht zustimmen. Klären Sie das erst mit Ihrem Jobcenter.

a) Gibt es Nebenkosten, die nicht angemessen sind?

Die Jobcenter prüfen in der Regel Miete und Nebenkosten gemeinsam. Es gibt allerdings auch Jobcenter, die Nebenkosten einzeln auf Angemessenheit überprüfen.

Bei dieser **Einzelprüfung** richtet sich das Jobcenter in der Regel nach einem Grenzwert für die Nebenkosten pro Quadratmeter Wohnfläche. Der Deutsche Mieterbund legt regelmäßig einen neuen bundesweiten Betriebskostenspiegel vor. Die darin aufgeführten Werte helfen Ihnen einzuschätzen, ob Ihre Nebenkosten im Rahmen liegen.

Sie finden den vollständigen Betriebskostenspiegel im Internet unter www.mieterbund.de → Service → Betriebskostenspiegel.

Wenn die Nebenkosten vom Jobcenter nicht anerkannt werden, sollten Sie versuchen Kosten einzusparen. Wenn der Gesamtbetrag aus Miete und Nebenkosten den angemessenen Rahmen nicht überschreitet, sollten Sie dies gegenüber dem Jobcenter geltend machen!

b) Nachzahlung und Rückerstattung von Nebenkosten

Das Jobcenter muss eine Nachzahlung von Nebenkosten übernehmen, wenn Sie zum Zeitpunkt der Nebenkosten-Abrechnung SGB 2-Leistungen bekommen. Dies gilt auch, wenn Sie im abgerechneten Zeitraum keine SGB 2-Leistungen bekommen haben. Das Jobcenter übernimmt die Nachzahlung allerdings nicht, wenn es zuvor Ihre Unterkunftskosten auf das angemessene Maß gekürzt hat. In diesem Fall müssen Sie diese selbst bezahlen.

Bekommen Sie eine Rückerstattung, müssen Sie dies dem Jobcenter mitteilen. Die Rückerstattung wird im Folgemonat mit den SGB 2-Leistungen verrechnet. Sie können die Rückerstattung ganz oder teilweise behalten, wenn das Jobcenter zuvor Ihre Nebenkosten nicht voll gezahlt hat.

c) Gesamtangemessenheit einschließlich der Heizkosten

Bisher haben die Jobcenter die Unterkunfts- und Heizkosten einzeln auf Angemessenheit geprüft.

Jetzt können die Jobcenter einen Richtwert für die **Gesamtmiete** einschließlich Nebenkosten und Heizkosten festsetzen. Mit diesem Richtwert wird geprüft, ob die Kosten der Unterkunft und Heizung insgesamt angemessen sind.

3. Heizkosten und Warmwasser

Auch die Heizkosten werden vom Jobcenter übernommen, dauerhaft aber nur in angemessener Höhe.

Dazu gehören

- monatliche Vorauszahlungen für Heizung und Warmwasser an den Vermieter oder ein Energieversorgungsunternehmen
- Nachzahlungen bei der jährlichen Abrechnung
- Wartungskosten, Kosten für Abgas-Messungen (Messungen nach dem Bundes-Immissionsschutzgesetz) und sonstige Betriebskosten der Heizungsanlage
- Kosten für selbst gekaufte Brennstoffe, also für das Füllen eines Gas- oder Öltanks oder das Einlagern von Kohle oder Holz. Sie haben Anspruch auf die gesamten angemessenen Beschaffungskosten zu dem Zeitpunkt, an dem sie anfallen.

TIPP

Wenn Sie eine elektrische Heizung haben, zum Beispiel eine Nachtspeicherheizung, müssen Sie das Jobcenter unbedingt darauf hinweisen. Stromkosten zum Heizen müssen vom Jobcenter als Heizkosten anerkannt werden.

a) Welche Heizkosten sind angemessen?

Viele Jobcenter überprüfen die **Heizkosten** unabhängig von Miete und Nebenkosten auf **Angemessenheit** (siehe auch Abschnitt 2 c).

Die Heizkosten werden anerkannt, wenn diese den vom Jobcenter festgelegten Richtwert nicht überschreiten.

Viele Jobcenter verwenden zur Prüfung der Heizkosten die Verbrauchswerte des Heizspiegels. Unter www.heizspiegel.de können Sie die dort angegebenen Verbrauchswerte mit denen für Ihre Wohnung vergleichen. Als Richtwert dient die Spalte ganz rechts mit der Überschrift „zu hoch“. Wenn Ihre Heizkosten unter diesen Werten liegen, werden sie in der Regel von Ihrem Jobcenter anerkannt.

Wenn die Heizkosten über diesem Wert liegen, müssen diese vom Jobcenter trotzdem anerkannt werden, wenn es Gründe für erhöhte Heizkosten gibt, die Sie nicht beeinflussen können.

Das können sein:

- schlechte Wärmedämmung

- schlechter Zustand der Heizungsanlage
- Dachgeschoss oder Eckwohnung
- Kleinkind oder gebrechliche Personen im Haushalt.

Die Gründe sollten Sie dem Jobcenter am besten schriftlich mitteilen. Nur wenn Sie erhöhte Heizkosten haben, weil Sie verschwenderisch geheizt haben, müssen Sie die über dem Richtwert liegenden Kosten selbst tragen.

b) Heizkosten-Abrechnung: Nachzahlung, Rückerstattung

Das Jobcenter muss eine **Nachzahlung** von Heizkosten übernehmen, wenn Sie zum Zeitpunkt der Heizkosten-Abrechnung SGB 2-Leistungen bekommen. Dies gilt auch, wenn Sie im abgerechneten Zeitraum keine SGB 2-Leistungen bekommen haben. Das Jobcenter übernimmt die Nachzahlung nicht, wenn es zuvor Ihre Heizkosten auf das angemessene Maß gekürzt hat. In diesem Fall müssen Sie diese selbst bezahlen.

Bekommen Sie eine **Rückerstattung**, müssen Sie dies dem Jobcenter mitteilen. Die Rückerstattung wird im Folgemonat mit den SGB 2-Leistungen verrechnet. Sie können die Rückerstattung ganz oder teilweise behalten, wenn das Jobcenter zuvor Ihre Heizkosten nicht voll gezahlt hat.

c) Warmwasser

Die Kosten für Warmwasserbereitung sind nicht durch den Regelbedarf (siehe Kapitel 3 Abschnitt 1) abgedeckt. Wird das Warmwasser über die **Zentralheizung** bereitet, sind die Kosten in den Heizkosten enthalten. Wenn Sie das Warmwasser ganz oder teilweise über andere Geräte bereiten (zum Beispiel über Durchlauferhitzer oder Warmwasserspeicher), stellen Sie bei Ihrem Jobcenter einen Antrag auf Mehrbedarf für Warmwasser (siehe Kapitel 3 Abschnitt 2 g).

d) Was geschieht, wenn die Heizkosten unangemessen sind?

Zur Absenkung unangemessener Heizkosten muss Ihnen das Jobcenter eine Übergangszeit einräumen. Sie beträgt normalerweise 6 Monate.

Wenn überhöhte Heizkosten auf das Angemessene gekürzt werden, weil Sie verschwenderisch geheizt haben, müssen Sie den Rest selbst bezahlen. Lassen Sie sich in diesem Fall unbedingt beraten (zum Beispiel Energieberatung, siehe auch Kapitel 15).

4. Renovierungskosten/ Schönheitsreparaturen

Kosten für Renovierung und im Mietvertrag vereinbarte Schönheitsreparaturen gehören zu den Kosten der Unterkunft.

TIPP

Renovierungskosten gehören zu den Unterkunftskosten. Die Jobcenter müssen diese Kosten also bezahlen. Wenn im Mietvertrag rechtlich wirksam steht, dass Sie Renovierungskosten selbst zahlen müssen, sollten Sie beim Jobcenter die Kostenübernahme beantragen. Allerdings sind häufig Vereinbarungen in Mietverträgen rechtlich nicht wirksam. In diesem Fall müssen nicht Sie renovieren, sondern der Vermieter! Dann würde das Jobcenter Ihren Antrag ablehnen, weil der Vermieter verpflichtet ist zu renovieren. Besonders bei Auszug aus einer Wohnung hat dies eine große Bedeutung.

5. Unterkunftskosten bei Wohneigentum

Ihnen gehört die Wohnung oder das Haus, in dem Sie leben? Dann übernimmt das Jobcenter die **Zinsen**, die Sie an Ihre Bank oder Sparkasse für Ihren Hauskredit bezahlen, und/oder dauernde Lasten wie Erbpacht als Unterkunftskosten.

Die Rückzahlung des Darlehens zählt in der Regel nicht zu den Unterkunftskosten, weil dadurch Eigentum entsteht. Das hat zur Folge, dass Sie die Kredittilgung aus dem Regelbedarf bezahlen müssten. Oder Sie müssen mit der Bank vereinbaren, dass Sie für eine Übergangszeit mit der Tilgung aussetzen. Droht Ihnen der Verlust Ihres Hauses oder Ihrer Wohnung, weil Sie nicht genug Geld für die Tilgung haben, können Sie beim Jobcenter für die Tilgung ein Darlehen beantragen.

Kosten für **notwendige** Reparaturen am Eigenheim oder an wichtigen Versorgungseinrichtungen – sogenannte **Erhaltungsaufwendungen** – werden unter Umständen vom Jobcenter übernommen. Dazu gehören zum Beispiel notwendige Reparaturen an Dach, Fenstern, Heizung, Stromnetz, Wasser- und Abwasserrohren. Das Jobcenter übernimmt diese Kosten bis zur Höhe der angemessenen jährlichen Mietkosten. Wenn die Reparaturen teurer sind, kann das Jobcenter dafür ein Darlehen bewilligen, das dann zur Absicherung im Grundbuch eingetragen wird.

Das Jobcenter übernimmt nicht die Kosten für Erneuerungsmaßnahmen, die den Wert des Eigenheims steigern.

a) Angemessene Größe und Kosten bei Wohneigentum

Für die Anerkennung der Kosten bei Wohneigentum gelten grundsätzlich die gleichen Grenzen der Angemessenheit wie bei einer Mietwohnung.

Solange es Ihnen nicht möglich oder nicht zuzumuten ist, zu hohe Kosten zu senken, werden sie weiter anerkannt.

Wenn die Kosten für Ihr selbst bewohntes Wohneigentum zu hoch sind:

Sie können die Kosten durch Teilvermietung senken. Falls Sie die Kosten nicht senken, **übernimmt das Jobcenter nach Ablauf der Frist von 6 Monaten nur noch die angemessenen Kosten**. Den Rest müssen Sie über Ihren Regelbedarf finanzieren oder auf andere Weise aufbringen.

b) Nebenkosten und Heizkosten bei Wohneigentum

Alle **Nebenkosten**, die bei einer Mietwohnung anerkannt werden, sind auch bei Wohneigentum anzuerkennen.

Für die Nebenkosten und Heizkosten gelten dieselben Regeln wie bei einer Mietwohnung. Bei einer Eigentumswohnung in Mehrfamilienhäusern gehört auch die Umlage für die Gemeinschaftskosten (Hausgeld) zu den Nebenkosten.

6. Zahlung der Unterkunftskosten

Normalerweise werden die Unterkunftskosten vom Jobcenter an Sie ausgezahlt.

In folgenden **Ausnahmefällen** sollen die Unterkunftskosten direkt an den Vermieter bzw. den Energielieferanten gezahlt werden:

- wenn das Jobcenter Ihnen zuvor für Miet- oder Energieschulden ein Darlehen gewährt hat
- wenn zu befürchten ist, dass Sie als Mieter das Geld für etwas anderes ausgeben; Zum Beispiel bei Suchtproblemen
- wenn die Leistungen wegen einer Sanktion um 60 % oder mehr gekürzt wurden
- wenn Sie beantragen, dass das Jobcenter die Zahlungen direkt an den Vermieter oder Energielieferanten zahlen soll.

Das Jobcenter informiert Sie im Bewilligungsbescheid über die direkte Zahlung.

→ Unterkunftskosten für einen Teilmonat

Beginnt oder endet der Anspruch auf Unterkunftskosten nicht am ersten oder letzten Tag eines Monats, werden die Unterkunftskosten für diesen Monat anteilig berechnet. Für jeden Tag mit Anspruch auf SGB 2-Leistungen bekommen Sie 1/30 des monatlichen Bedarfs, unabhängig davon, wie viele Tage der Monat hat.

BEISPIEL

Beginn des neuen Mietvertrages am 15. August;
monatliche Kosten der Unterkunft: 450,00 €

Anspruchszeitraum vom
15. August bis 31. August = 17 Tage
Bedarf für diesen Zeitraum: 17/30
der Monatsleistung

Leistung: 450,00 € /30 = 15,00 €
× 17 = 255,00 €

Dieser Betrag wird in die Bedarfsberechnung im Bescheid mit aufgenommen.

7. Umzug

! Bevor Sie umziehen, müssen Sie vor Abschluss des Mietvertrages eine Zusicherung des zuständigen Jobcenters einholen. Das gilt auch für einen Umzug innerhalb derselben Stadt mit derselben Grenze für eine angemessene Miete. Nur dann wird die Miete der neuen Wohnung in voller Höhe übernommen.

Zuständig ist das Jobcenter am neuen Wohnort. Entscheidend zur Bewertung Ihrer Miete sind die Richtwerte am neuen Wohnort. Wenn die neue Miete nach diesen Richtwerten angemessen ist, müssen Sie die Zusicherung für die neue Wohnung bekommen.

Wollen Sie innerhalb derselben Stadt umziehen, müssen zwei Voraussetzungen erfüllt sein:

1. Der Auszug aus der alten Wohnung muss notwendig sein **und**

2. die Miethöhe der neuen Wohnung muss angemessen sein.

Für Personen unter 25 Jahren sind weitere Besonderheiten zu beachten (siehe unten, Abschnitt d)).

Die Anforderungen an die Auszugsgründe dürfen nicht zu streng sein. Es reicht aus, wenn sinnvolle und nachvollziehbare Gründe vorliegen, die auch eine Person ohne Anspruch auf SGB 2-Leistungen dazu bringen würden umzuziehen.

Ist eine der beiden Voraussetzungen nicht erfüllt, wird das Jobcenter dem Umzug nicht zustimmen. Das hat unterschiedliche Folgen:

a) Umzug nicht notwendig

Das Jobcenter hält den Umzug für nicht notwendig, weil es die Gründe für den Auszug nicht anerkennt und die alte Wohnung als ausreichend ansieht. Wenn Sie trotzdem umziehen und die Miete für die neue Wohnung höher ist als für die alte, zahlt das Jobcenter nur die **niedrigeren Kosten** der **alten Wohnung** weiter. Das gilt auch dann, wenn die Miete der neuen Wohnung eigentlich angemessen wäre. Wenn Sie mindestens einen Monat keine SGB 2-Leistungen beziehen, weil Sie erwerbstätig sind, ändert sich die Lage. Bei einem erneuten Bezug von SGB 2-Leistungen muss das Jobcenter die Angemessenheit der jetzigen Miete erneut prüfen. Die Miete der alten Wohnung als Obergrenze gilt dann nicht mehr.

b) Miethöhe nicht angemessen

! Der Umzug ist notwendig, aber die neue Miete ist zu hoch. In diesem Fall wird das Jobcenter die Zusicherung nicht geben und die Mietkosten für die neue Wohnung nur in angemessener Höhe übernehmen. Sie müssten dann den Rest selbst zahlen. Auch jede zukünftige Erhöhung der Miet- und Nebenkosten geht zu Ihren Lasten, da das Jobcenter auch künftig nur die angemessene Miete übernimmt.

c) Umzugskosten, Mietsicherheit und Maklerkosten

Mietsicherheit (Kaution) und **Umzugskosten** können bewilligt werden, wenn die Kostenübernahme **vorher** vom Jobcenter zugesichert wurde. Die Kostenzusicherung soll erfolgen, wenn der Umzug durch das Jobcenter veranlasst oder aus anderen Gründen als notwendig anerkannt wurde. Bei der Bemessung der Umzugskosten wird in der Regel von Selbsthilfe mit eigenem Fahrzeug oder Mietwagen ausgegangen. Bei Umzug in einen anderen Ort ist für die Umzugskosten noch das bisherige Jobcenter zuständig.

Für die Bewilligung einer **Mietsicherheit** (Kaution) oder des Ankaufs von Genossenschaftsanteilen ist das Jobcenter am neuen Wohnort zuständig. Die Mietsicherheit wird als Darlehen gewährt und mit Ihrer künftigen SGB 2-Leistung verrechnet: Ab dem Folgemonat werden 10 % vom monatlichen Regelbedarf abgezogen.

Maklerkosten werden nur in absoluten Ausnahmefällen auf zusätzlichen vorherigen Antrag bewilligt, wenn Sie ohne Makler keine Wohnung finden. Wenn der Vermieter einen Makler beauftragt hat, muss er auch die Maklerkosten tragen.

d) Beschränkung der Unterkunftskosten für Personen unter 25 Jahren

Personen unter 25 Jahren, die aus dem elterlichen Haushalt ausziehen, müssen sich **vor dem Umzug** die Kostenübernahme für die eigene Wohnung vom Jobcenter zusichern lassen. Andernfalls werden **keine Wohnkosten** bezahlt, auch wenn berechtigte Gründe für den Umzug vorliegen.

Das Jobcenter muss die Zusicherung geben, wenn mindestens eine der folgenden Bedingungen zutrifft:

1. Dem Betroffenen ist aus schwerwiegenden sozialen Gründen nicht zuzumuten, weiter in der Wohnung der Eltern oder eines Elternteils zu wohnen, etwa
   - bei beengten, unzumutbaren Wohnverhältnissen
   - bei einer schwer gestörten Eltern-Kind-Beziehung
   - wenn Gefahr für das körperliche, geistige oder seelische Wohl der Person unter 25 Jahren besteht
   - wenn die Person unter 25 Jahren mit einem Ehepartner oder eingetragenen Lebenspartner eine neue Familie gründen will oder bereits ein Kind hat
   - wenn die Person unter 25 Jahren bereits früher vom Jugendamt aus der Familie herausgenommen wurde.
2. Der Umzug in die neue Wohnung ist zur Eingliederung in den Arbeitsmarkt erforderlich.
3. Es liegt ein anderer, ähnlich schwerwiegender Grund vor, z. B. wenn eine Frau unter 25 Jahren schwanger ist.

Wenn die Eltern die Entscheidung über den Auszug ihres Kindes getroffen haben, können sie nicht gezwungen werden, es wieder aufzunehmen. In so einem Fall muss das Jobcenter Wohnkosten zahlen.

TIPP

Falls es hier zu Konflikten kommt, sollte der Sozial- bzw. Familiendienst der Gemeinde eingeschaltet werden. Notfalls muss der Anspruch durch eine Klage vor dem Sozialgericht durchgesetzt werden.

Bei einem **Umzug ohne Zusicherung des Jobcenters** werden bei Personen unter 25 Jahren überhaupt keine Wohnkosten gezahlt. Außerdem wird in einem solchen Fall **nicht der volle Regelbedarf** gezahlt, sondern nur der Satz für Angehörige von 345,00 €.

Junge Menschen, die nach einem Auszug ihren Lebensunterhalt aus eigenen Mitteln bestreiten können, benötigen natürlich keine Zusicherung vom Jobcenter. Auch wer nicht in eine eigene Wohnung zieht sondern zu Partnerin oder Partner, benötigt keine Zustimmung.

Problematisch wird es aber, wenn ein junger Erwachsener unter 25 Jahren eine eigene Wohnung bezieht und kurze Zeit danach auf SGB 2-Leistungen angewiesen ist. Für Personen unter 25 Jahren werden Unterkunftskosten nicht übernommen, wenn sie nur umziehen, um anschließend SGB 2-Leistungen zu bekommen. Eine solche Absicht muss aber das Jobcenter beweisen.

8. Übernahme von Mietschulden und Schulden für Energie und Wasser

Wenn Sie **Mietschulden** haben und Leistungen für Unterkunft und Heizung beziehen, **kann** das Jobcenter die Mietschulden übernehmen, wenn dadurch Ihre Unterkunft gesichert ist. Das Jobcenter **soll** die Mietschulden übernehmen, wenn sonst Wohnungslosigkeit droht.

TIPP

Wenn Sie Mietschulden haben und zurzeit keinen Anspruch auf SGB 2-Leistungen haben, müssen Sie den Antrag auf Übernahme der Schulden beim **Sozialamt** stellen.

Ist geschütztes Vermögen vorhanden (siehe Kapitel 8), muss dies zuerst zur Tilgung der Mietschulden eingesetzt werden.

Wenn Sie zwei Monatsmieten im Rückstand sind, kann Ihnen der Vermieter fristlos kündigen. Wenn Sie Ihren Vermieter nicht umstimmen können, sollten Sie umgehend bei Ihrem Jobcenter einen Antrag auf Übernahme der Mietschulden stellen.

Eine **fristlose Kündigung** wird unwirksam, wenn Sie die rückständige Miete nachzahlen, bevor oder sofort nachdem Sie die Kündigung bekommen haben. Sie wird auch unwirksam, wenn das Jobcenter oder das Sozialamt sich gegenüber dem Vermieter verpflichtet, die rückständige Miete zu übernehmen.

TIPP

Auch wenn die Räumungsklage bei Gericht eingegangen ist und Sie innerhalb von zwei Monaten nachzahlen, wird die Kündigung unwirksam.

Wurde Ihnen allerdings innerhalb der letzten 2 Jahre bereits einmal wegen Mietschulden fristlos gekündigt, bleibt die fristlose Kündigung wirksam. In einem solchen Fall wird das Jobcenter die Zahlungsrückstände nur übernehmen, wenn der Vermieter die Kündigung zurückzieht.

Notwendig ist die Übernahme der Mietschulden bei drohender **Obdachlosigkeit**. Das Jobcenter kann die Übernahme ablehnen, wenn

- ein begründeter Verdacht besteht, dass Sie es von vornherein darauf abgesehen haben, dass das Jobcenter die Rückstände übernimmt
- der Wohnraum unangemessen teuer ist und deshalb nicht erhaltenswert ist
- Sie wiederholt mit Ihrer Miete im Rückstand waren
- aus anderen Gründen der Verlust der Wohnung nicht vermeidbar ist.

Beträgt der Mietrückstand weniger als 2 Monatsmieten, hat das Jobcenter einen Ermessensspielraum bei der Entscheidung.

Das Jobcenter übernimmt Mietschulden in Form eines **Darlehens**. Das Darlehen wird mit den zukünftigen SGB 2-Leistungen verrechnet. Das heißt: Ab dem Folgemonat wird weniger Geld ausgezahlt: Vom jeweiligen Regelbedarf werden 10 % abgezogen. Alleinstehende bekommen also 43,20 € weniger.

Auch bei **vergleichbaren Notlagen** können bei laufendem Bezug von SGB 2-Leistungen Schulden übernommen werden. Vergleichbare Notlagen sind:

- **Heizkostenrückstände**, wenn die Sperrung der Energielieferungen oder der Verlust der Wohnung droht
- **Rückstände für Wasser oder Abwasser**, wenn sonst das Wasser abgestellt wird
- **Rückstände für Strom**, wenn sonst der Strom abgestellt wird – dies gilt immer, wenn Kinder im Haushalt leben. Sonst hat das Jobcenter bei seiner Entscheidung ein Ermessen.

Wenn Sie mit den Heizkosten oder Stromkosten im Rückstand sind, kann das Jobcenter von Ihnen einen **Wechsel des Energielieferanten** verlangen. Ist ein Wechsel möglich, werden die Rückstände nicht bewilligt. Diese Praxis ist zwar umstritten, wurde aber häufiger auch von Sozialgerichten akzeptiert. Wenn das Jobcenter Sie zu einem Wechsel des Energielieferanten auffordert, sollten Sie sich darum bemühen.

Nur wenn Sie nachweisen können, dass ein Wechsel des Energielieferanten nicht möglich ist, wird das Jobcenter Sie mit einem Darlehen unterstützen.

TIPP

Bevor Sie einen Antrag auf Übernahme dieser Rückstände stellen, sollten Sie versuchen, mit dem Energielieferanten eine Ratenzahlung zu vereinbaren. Nur wenn eine solche Lösung nicht zustande kommt, besteht die Aussicht, dass das Jobcenter die Schulden übernimmt.

Geschontes **Vermögen** (siehe Kapitel 8) muss **vorrangig** zur Tilgung der Schulden für Energie und Wasser eingesetzt werden.

Kapitel 5: Leistungen für Schule, Kindergarten und Freizeit für Kinder und Jugendliche – Bildung und Teilhabe

Gesetzliche Grundlage: §28 SGB 2

Mit den Leistungen aus dem sogenannten Bildungs- und Teilhabepaket sollen Kinder und Jugendliche in Kindergarten, Schule und Freizeit möglichst überall „dabei sein und mitmachen" können. Anspruch auf diese Leistungen haben Ihre Kinder, wenn Sie Arbeitslosengeld 2 erhalten.

Wenn Sie Grundsicherung im Alter oder wegen Erwerbsunfähigkeit, Hilfe zum Lebensunterhalt, Wohngeld, Kinderzuschlag oder Leistungen nach dem Asylbewerberleistungsgesetz erhalten, ist das Sozialamt oder eine andere Stelle im Landkreis oder bei der Stadt zuständig. Am besten wenden Sie sich zunächst an das Sozialamt.

In dem „Paket" finden sich Leistungen für diese Bereiche:

- Mittagessen in Kindergarten, Tagespflege und Schule
- Kindergartenausflüge – für einen Tag oder länger
- Schulausflüge und Klassenfahrten über mehrere Tage
- Persönliche Ausstattung für die Schule
- Fahrten zur Schule
- Nachhilfe
- Aktivitäten in der Freizeit.

Nur die persönliche Ausstattung für die Schule bekommen Sie automatisch. Alle anderen Leistungen müssen Sie **extra beantragen** – und immer wieder einen Folgeantrag stellen.

Anspruch auf die Leistungen haben **Schüler bis 24 Jahre**, die in eine allgemeinbildende Schule (Grundschule, Hauptschule, Realschule, Oberschule, Gymnasium) gehen. Berufsschüler bekommen diese Leistungen nur dann, wenn sie keine Ausbildungsvergütung erhalten. Die Leistungen für Aktivitäten in der Freizeit gibt es bis zum Alter von 17 Jahren.

Den **Antrag** stellen Sie jeweils bei dem Amt, das Ihnen die oben genannten Leistungen zahlt. Es kann sein, dass Sie an ein anderes Amt weiter verwiesen werden.

1. Mittagessen in Schule, Kindergarten und Tagespflege

Wenn Ihr Kind in Schule, Kindergarten oder Tagespflege zu Mittag isst, übernimmt das Jobcenter die Kosten. Einen Eigenanteil müssen Sie nicht mehr aufbringen..

2. Kindergartenausflüge – für einen Tag oder länger

Das Jobcenter übernimmt auch die Kosten für Ausflüge oder Fahrten mit dem Kindergarten oder mit einer Tagespflegeperson. Legen Sie dem Jobcenter die Mitteilung über den Ausflug vor.

3. Schulausflüge und Klassenfahrten über mehrere Tage

Bei Schulausflügen und mehrtägigen Klassenfahrten müssen die Fahrt, Übernachtungen und Eintrittsgelder bezahlt werden. Sie haben einen Anspruch darauf, dass diese Kosten übernommen werden – damit Ihr Kind teilnehmen kann. Das gilt auch für eine Klassenfahrt ins Ausland. Es muss nur das Schulgesetz eingehalten werden. Das Jobcenter braucht von Ihnen: die Mitteilung der Schule über die geplante Fahrt und die Kosten, außerdem die Kontonummer der Schule. Das Geld wird nämlich nicht an Sie persönlich ausgezahlt. Entweder wird es direkt an die Schule überwiesen oder Sie erhalten einen Gutschein, den Sie in der Schule abgeben müssen.

Wenn Sie die Kosten für die Klassenfahrt nicht bezahlen können, aber selbst keine laufenden monatlichen SGB 2-Leistungen bekommen, sollten Sie bei Ihrem Jobcenter einen Antrag stellen. Es ist nämlich möglich, dass Sie einen Anspruch auf eine einmalige Leistung haben. Dazu berechnet das Jobcenter, um wie viel Ihr Einkommen über Ihrem Bedarf liegt. Diesen Betrag müssen Sie für insgesamt sieben Monate sparen. Wenn diese Summe nicht ausreicht, um die Klassenfahrt zu bezahlen, muss das Jobcenter den noch fehlenden Betrag übernehmen – als einmalige SGB 2-Leistung (siehe das Beispiel in Kapitel 3 Abschnitt 3 d).

4. Persönliche Ausstattung für die Schule

Zur Anschaffung zum Beispiel von Heften, Stiften, Zirkelkasten, Material zum Malen und Basteln, Sportzeug und Schulranzen erhält jedes Schulkind in jedem Schulhalbjahr eine Pauschale: Jeweils 100 € im August und 50 € im Februar. Diese Leistung wird automatisch bewilligt – ohne Antrag. Achten Sie darauf, dass Sie das Geld auch tatsächlich erhalten.

Sie können diese Leistung zusätzlich beantragen, wenn Ihr Einkommen knapp über dem SGB 2-Bedarf liegt und Sie deshalb keine SGB 2-Leistungen bekommen. Beginnt der Schulbesuch erst nach dem August bzw. Februar, zahlt das Jobcenter die Pauschale entsprechend später.

! Die Kosten für Schulbücher, für die keine Lernmittelfreiheit besteht, muss das Jobcenter als unabweisbaren Bedarf übernehmen. Einige Gerichte bewilligen Tablets oder Laptops für den Schulbedarf. Aktuelle Informationen finden Sie bei www.tacheles-sozialhilfe.de → Schulbedarfskampagne.

5. Fahrten zur Schule

Wenn Ihr Kind nur mit Bus oder Bahn zur Schule kommen kann, erstattet das Jobcenter Ihnen die Fahrtkosten zur nächstgelegenen Schule. Sollte Ihr Kreis Zuschüsse zur Schülerbeförderung geben, müssen Sie die erst einmal nutzen. Sie werden auf die Erstattung der Fahrtkosten angerechnet. Einen Eigenanteil aus dem Regelbedarf müssen Sie nicht mehr zahlen.

6. Nachhilfe (Lernförderung)

Wenn Ihr Kind die Schule nur mit Nachhilfe schaffen kann, übernimmt das Jobcenter die Kosten, wenn die Schule kein geeignetes Nachhilfe-Angebot hat. Sie müssen den Antrag stellen, bevor die Nachhilfe beginnt. Dazu müssen Sie eine Bestätigung des Fach- oder Klassenlehrers vorlegen. Darin soll stehen, für welche Fächer, wieviel und wie lange Ihr Kind Nachhilfe braucht. Machen Sie auch einen Vorschlag, wer die Nachhilfe geben soll (Nachhilfelehrer, Volkshochschule oder älterer Schüler) und benennen Sie die Kosten. Nachhilfe gibt es auch dann, wenn die Versetzung noch nicht akut gefährdet ist.

7. Aktivitäten in der Freizeit

Kinder und Jugendliche bis zum 18. Geburtstag bekommen auf Antrag 15 € im Monat, damit sie zusammen mit anderen zum Beispiel Sport treiben oder Musik machen können. Diese Leistung ist gedacht etwa für Mitgliedsbeiträge für Sport-, Musik- oder Kulturvereine, Unterricht in Musik oder einer anderen Kunst und um an Freizeiten teilzunehmen. Das Geld steht auch Kindern und Jugendlichen zu, die nicht mehr zur Schule gehen. Es kann auch rückwirkend bewilligt werden, längstens für den ganzen (aktuellen) Bewilligungszeitraum. Wenn die Leistung für zwölf Monate bewilligt ist, können Sie auch 180 € auf einmal bekommen, etwa für eine Jugendfreizeit. Auch zusätzliche Ausgaben wie Fahrtkosten oder ein Musikinstrument müssen erstattet werden, wenn Ihr Kind sonst nicht an den Aktivitäten teilnehmen kann.

8. Geld, Gutschein, Direktzahlung

Mit den beschriebenen Leistungen geht jedes Bundesland und jedes Jobcenter anders um. Informieren Sie sich deshalb, was Sie beachten müssen und welche Unterlagen Sie vorlegen müssen. Fragen Sie auch in der Schule und in Vereinen, ob und wie sie mit dem Jobcenter zusammenarbeiten.

Die Ausstattung für die Schule und die Fahrtkosten bekommen Sie in Geld ausgezahlt.

Alle anderen Leistungen bezahlt das Jobcenter entweder direkt beim Veranstalter – manchmal auch pauschal – oder Sie erhalten Geld oder einen Gutschein. Wenn Sie einen Gutschein verlieren, erhalten Sie auf Antrag einen neuen. Wenn Sie Geld erhalten, kann das Jobcenter einen Nachweis verlangen, dass sie es wie beantragt ausgegeben haben.

Kapitel 6: Wie wird Einkommen auf die Leistungen angerechnet?

Gesetzliche Grundlage: §§ 11 bis 11b SGB 2, Arbeitslosengeld 2/Sozialgeld-Verordnung

1. Das Prinzip

Grundsätzlich werden alle Einnahmen als Einkommen auf die SGB 2-Leistungen angerechnet.

In Ihrem Antrag müssen Sie alle Einnahmen angeben. Falsche Angaben führen zu Rückforderungen. Unter Umständen ziehen sie auch ein Bußgeld oder sogar ein Strafverfahren nach sich.

Das Einkommen und der Bedarf für die Bedarfsgemeinschaft (siehe Kapitel 9) werden miteinander verglichen. Ist das Einkommen niedriger als der Bedarf, werden Leistungen in Höhe des Unterschiedsbetrages bewilligt. Übersteigt dagegen das anrechenbare Einkommen den Bedarf, können Sie Ihren Lebensunterhalt selbst sichern. Sie sind also nicht hilfebedürftig im Sinne des SGB 2 und erhalten keine monatlichen SGB 2-Leistungen. Eventuell haben Sie dann einen Anspruch auf Wohngeld und Kinderzuschlag. Sie können diese Leistungen nach einer Ablehnung vom Jobcenter ausnahmsweise rückwirkend beantragen, müssen sich aber beeilen.

BEISPIEL

1. Schritt: Was brauche ich im Monat?

Der Bedarf an Arbeitslosengeld 2 und Sozialgeld wird berechnet.

2. Schritt: Was habe ich im Monat?

Das anrechenbare Einkommen wird ermittelt. Dabei werden bestimmte Beträge pauschal oder mit Nachweis abgesetzt.

Ergebnis: Wieviel fehlt mir im Monat? (Was bekomme ich vom Jobcenter?)

Wenn der Bedarf höher ist als das anrechenbare Einkommen, werden ergänzende SGB 2-Leistungen gezahlt.

Bedarfsberechnung (Alleinstehender)

Regelbedarf	432,00 €	
Miete, Nebenkosten	+ 350,00 €	
Heizkosten	+ 40,00 €	
Soviel brauche ich im Monat	= 832,00 €	→ 1. Schritt
So hoch ist mein anrechenbares Einkommen (wird abgezogen)	– 500,00 €	→ 2. Schritt
Soviel fehlt mir im Monat	= 332,00 €	→ Ergänzende SGB 2-Leistung

2. Was ist Einkommen?

Einkommen sind **alle Einnahmen in Geld oder Geldeswert**. Dazu zählen Leistungen wie Arbeitslosengeld 1, Kindergeld, Unterhaltszahlungen und -vorschuss, Einkommen aus Erwerbstätigkeit, aber auch Zinseinnahmen und sogar Geldgeschenke von Verwandten oder anderen Personen. Auch kostenlose Verpflegung durch den Arbeitgeber ist Einkommen, das angerechnet wird.

Es werden alle Einnahmen berücksichtigt, die Sie während des Bezugs von SGB 2-Leistungen erhalten. Wenn Sie erstmalig einen Antrag auf SGB 2-Leistungen stellen, wird das Einkommen berücksichtigt, das Sie im Antragsmonat erhalten haben, auch wenn es erst kurz vor der Antragstellung bei Ihnen eingegangen ist.

Geld, das im Monat vor der Antragstellung bereits vorhanden ist, gilt als **Vermögen**. Es ist innerhalb bestimmter Freibeträge geschützt (siehe Kapitel 8). Wenn Sie vor dem Bezug von Arbeitslosengeld 2 etwas geerbt haben, ist die Erbschaft Vermögen und nicht Einkommen. Wenn die Erbschaft Ihnen später auf Ihr Konto ausgezahlt wird, ist diese Zahlung kein Einkommen sondern eine Umschichtung von Vermögen.

Wenn Sie andere Sozialleistungen als Darlehen erhalten, werden diese auch als Einkommen angerechnet, wenn sie zur Finanzierung Ihres Lebensunterhalts und nicht anderen Zwecken dienen.

3. Welches Einkommen wird nicht angerechnet?

Diese Einkommen werden **nicht** auf SGB 2-Leistungen angerechnet:

- **Beträge bis zu 10,00 € in einem Monat**
- **Grundrente** nach dem Bundesversorgungsgesetz und entsprechende Leistungen nach dem Bundesentschädigungsgesetz
- **Verletztenrente** nach dem SGB 7, bis zur Höhe der Grundrente, wenn sie aufgrund der Wehrpflicht in der Nationalen Volksarmee der ehemaligen DDR gezahlt wird. Darüber hinaus gehende Zulagen oder Zuschläge werden als Einkommen angerechnet.
- **Elterngeld** wird grundsätzlich voll angerechnet. Davon wird allerdings die Versicherungspauschale von 30,00 € abgesetzt, wenn diese nicht schon bei anderem Einkommen abgesetzt wurde. Wenn Sie vor der Geburt Ihres Kindes Erwerbseinkommen hatten, bleibt das Elterngeld bis zur Höhe dieses Einkommens, höchstens bis 300,00 € monatlich anrechnungsfrei. Wenn Sie Elterngeld Plus wählen, verringert sich dieser Höchstbetrag auf 150,00 €.
- **Geldgeschenke an Minderjährige** zur Firmung, Kommunion, Konfirmation oder vergleichbaren religiösen Festen oder zur Jugendweihe bis 3.100,00 €
- Ein Betrag von 200,00 € monatlich vom **Taschengeld** für Teilnehmer an einem Jugendfreiwilligendienst oder am Bundesfreiwilligendienst.
- Kapitalerträge bis zu einem Betrag von 100,00 € jährlich
- Leistungen der **Stiftung Mutter und Kind**
- Zuwendungen von Wohlfahrtsverbänden in begrenztem Umfang
- Bei Pflegeeltern/Pflegepersonen: Vom **Pflegegeld** nach dem Kinder- und Jugendhilfegesetz (SGB 8) der **Anteil für die Erziehung** des ersten und zweiten Pflegekindes. Dieser Anteil wird beim 3. Pflegekind zu 75 % und ab dem 4. Pflegekind voll angerechnet. Maßgeblich für die Berechnung ab dem 3. Pflegekind ist der durchschnittliche erzieherische Aufwand für alle Kinder. Berufsmäßig betriebene Kindertagespflege wird wie Erwerbseinkommen behandelt
- **Schmerzensgeld**
- **Kindergeld** für Kinder außerhalb des Haushalts, wenn es **nachweisbar an diese Kinder weitergeleitet** wird
- Anteile der **Ausbildungsförderung** mindestens in Höhe des Grundfreibetrages von 100,00 € – dies gilt jedoch nicht, wenn dieser Freibetrag schon wegen einer Erwerbstätigkeit genutzt wird (siehe Kapitel 11)
- **Überbrückungsgeld**, das Strafgefangene bei ihrer Entlassung erhalten. Hier wird der Bedarf für 28 Tage als Einkommen angerechnet. Ist das Überbrückungsgeld höher, bleibt der Rest anrechnungsfrei.
- **Zweckbestimmte Einnahmen**, die nicht für den Lebensunterhalt bestimmt sind. Dazu gehört etwa die vermögenswirksame Leistung, die der Arbeitgeber zusätzlich zum Arbeitslohn zahlt. Eine vollständige Liste finden Sie im Internet unter www.arbeitsagentur.de → Unter „Suche" „Weisungen" eingeben → Weisungen nach Rechtsnormen → Gesetzbuch: SGB II – Grundsicherung für Arbeitsuchende → §§ 11–11b – 5.4. Zweckbestimmte Einnahmen
- Einnahmen von Schülern bis zum Alter von 24 Jahren für max. 4 Wochen Tätigkeit in den Schulferien, soweit sie 1.200,00 € nicht überschreiten und keine Einnahmen in den anderen Monaten erfolgen.
- Einnahmen aus Untervermietung – sie werden aber mit der Miete verrechnet. Bei einer Vermietung innerhalb des geschützten Wohneigentums (siehe Kapitel 8) gelten die Mieteinnahmen als Einkommen, wenn sie die anteiligen notwendigen Ausgaben (Zinsen, Nebenkosten usw.) übersteigen. In einem solchen Fall sollten Sie sich beraten lassen.

Im Einzelfall kann auf die Anrechnung bestimmter Einnahmen verzichtet werden, wenn die Anrechnung eine **besondere Härte bedeuten** würde. Zum Beispiel, wenn Sie – während Sie SGB 2-Leistungen beziehen – eine Nachzahlung für eine andere Sozialleistung bekommen, die in der Vergangenheit nur zum Teil ausgezahlt wurde. Das Jobcenter braucht eine möglichst genaue Schilderung des Sachverhaltes, warum die Anrechnung für Sie eine Härte darstellen könnte. Das Jobcenter kann auf die Anrechnung auch dann verzichten, wenn Sie verspätet eine Nachzahlung aufgrund eines Widerspruchs- oder Klageverfahrens bekommen.

4. Wie wird das anzurechnende Einkommen ermittelt?

Bevor das Einkommen auf den SGB 2-Bedarf angerechnet wird, werden bestimmte Beträge vom Einkommen abgezogen. Diesen Vorgang nennt man **Bereinigung des Einkommens**.

Abgezogen werden:

1. für das Einkommen gezahlte Steuern
2. Pflichtbeiträge zur Sozialversicherung und zur Arbeitsförderung
3. Beiträge zu öffentlichen oder privaten Versicherungen, soweit diese gesetzlich vorgeschrieben

sind (wie zum Beispiel die Kfz-Haftpflichtversicherung)

4. freiwillige Beiträge für private oder öffentliche Versicherungen, wie z. B. Unfall-, Lebensversicherung, Renten- oder Krankenversicherung – auch Zusatzleistungen, soweit sie nach Zweck und Höhe angemessen sind
5. geförderte Altersvorsorgebeiträge bis zur Höhe des Mindesteigenbeitrags (zum Beispiel die Riester-Rente)
6. zur Erzielung des Einkommens notwendige Ausgaben (Werbungskosten)
7. für Erwerbstätige zusätzlich ein Freibetrag
8. Unterhaltszahlungen, die in einem Urteil, vom Jugendamt oder vor einem Notar festgelegt sind
9. Einkommen, das bei der Berechnung von Berufsausbildungsbeihilfe oder BAföG als Eigenleistung der Eltern für ein Kind festgesetzt wurde.

Die oben unter Ziffer 4 genannten Versicherungsbeiträge werden durch eine Pauschale in Höhe von 30,00 € monatlich berücksichtigt. Bei **volljährigen Leistungsberechtigten** wird diese Pauschale vom Einkommen abgezogen.

Das Kindergeld gilt als Einkommen des Kindes und wird auf dessen Bedarf angerechnet. Wenn ein Kind über weitere Einnahmen verfügt (etwa Unterhalt) und diese zusammen mit dem Kindergeld höher sind als der Bedarf des Kindes, wird das Kindergeld teilweise oder ganz als Einkommen der Eltern angerechnet. Die Versicherungspauschale kann bei volljährigen Kindern vom Kindergeld abgesetzt werden, wenn kein anderes Einkommen vorhanden ist. Bei minderjährigen Kindern kann die Versicherungspauschale vom Kindergeld nur abgesetzt werden, wenn eine Versicherung tatsächlich besteht und diese angemessen ist.

BEISPIEL ZUR BEREINIGUNG DES EINKOMMENS

Herbert Heinemann bezieht Arbeitslosengeld 1 in Höhe von 1.200,00 €. Seine Frau Marion ist nicht berufstätig. Das Paar hat 3 minderjährige Kinder. Die Kosten für die Kfz-Haftpflichtversicherung betragen monatlich 35,00 €. Weil Herr Heinemann im Jahr 2019 noch gut verdient hat, muss er für seine Riesterrente im Jahr 2020 einen Mindesteigenbeitrag von 60,00 € aufbringen, monatlich also 5,00 €.

Weil das Arbeitslosengeld 1 für den Lebensunterhalt und die Unterkunftskosten der Familie nicht ausreicht, müssen Herr Heinemann und seine Frau Marion SGB 2-Leistungen beantragen.

Berechnung des anzurechnenden Einkommens:

Arbeitslosengeld 1	1.200,00 €
abzüglich	
Kfz-Versicherung	– 35,00 €
Altersvorsorge	– 5,00 €
Pauschale für private Versicherung	– 30,00 €
Bereinigtes Einkommen	1.130,00 €

5. Zu welchem Zeitpunkt werden laufende Einnahmen angerechnet?

Alle laufenden monatlichen Einnahmen wie Arbeitslosengeld 1, Kindergeld und auch regelmäßiges Arbeitseinkommen werden **in dem Monat berücksichtigt, in dem sie auf Ihrem Konto eingehen**.

Dies gilt auch bei kurzzeitigen Arbeitsverhältnissen. Bei laufendem Gehalt kommt es also nicht auf den Beschäftigungsmonat an, sondern auf den Tag der Gehaltszahlung.

Deshalb steht Ihnen im ersten Monat einer neu aufgenommenen Arbeit noch die volle SGB 2-Leistung zu, wenn Ihr erstes Gehalt erst im Folgemonat auf Ihrem Konto eingeht.

Bei **Aufnahme einer Beschäftigung** müssen Ihnen auf jeden Fall zunächst noch SGB 2-Leistungen gezahlt werden, um die Zeit bis zur ersten Gehaltszahlung zu überbrücken. Erst wenn feststeht, wann und in welcher Höhe Sie Ihr Gehalt bekommen, wird entschieden, ob und in welcher Höhe die Leistungen zurückgefordert werden.

Beim **Übergang von Arbeitslosengeld 1 in SGB 2-Leistungen** wird das Arbeitslosengeld 1 am Ende des letzten Anspruchsmonats für diesen Monat gezahlt. Die Zahlung erfolgt also zum Beispiel Ende März für den März. Wenn dann im Folgemonat (also im April) zum ersten Mal die SGB 2-Leistung gezahlt wird, kann das Arbeitslosengeld 1 aus dem Vormonat nicht mit der SGB 2-Leistung verrechnet werden.

Das gleiche gilt beim **Übergang aus einer Beschäftigung in den Bezug von SGB 2-Leistungen**. Wenn das letzte Gehalt im Monat vor der Antragstellung zugeflossen ist, darf es nicht auf die SGB 2-Leistung angerechnet werden. Allerdings werden Nachzahlungen von Lohn oder Abfindungen oder Steuererstattungen aus früheren Beschäftigungsverhältnissen angerechnet, wenn Sie sie während des laufenden SGB 2- Bezugs erhalten.

BEISPIEL

Der Antrag wird im November gestellt. Die letzte Gehaltszahlung ist am 31. Oktober eingegangen. Das Einkommen wird in diesem Fall nicht angerechnet. Geht die Gehaltszahlung erst im Laufe des Novembers bei Ihnen ein, also im Monat der Antragstellung, wird das Einkommen angerechnet.

Endet ein Anspruch auf Arbeitslosengeld 1 oder eine Beschäftigung innerhalb eines laufenden Monats, sollten Sie sofort einen Antrag auf SGB 2-Leistungen stellen, da Sie eventuell bereits ab diesem Monat einen ergänzenden Leistungsanspruch haben.

6. Wie werden einmalige Einnahmen angerechnet?

Einmalige Einnahmen sind zum Beispiel Weihnachts- und Urlaubsgeld, Gehaltsnachzahlungen oder Steuererstattungen. Auch Nachzahlungen von Sozialleistungen sind einmalige Einnahmen, die ebenfalls anzurechnen sind; siehe jedoch die Härtefallregelung unter Abschnitt 3 in diesem Kapitel. In jedem Fall muss von diesen Einnahmen monatlich ein Betrag von 30,00 € als Pauschale für Versicherungen freigestellt werden.

Einmalige Einnahmen und laufende Einnahmen, die seltener als jeden Monat bei Ihnen eingehen, werden im Monat des Zahlungseingangs angerechnet. Wenn die SGB 2-Leistungen bereits ausbezahlt wurden, wird die einmalige Einnahme im Folgemonat verrechnet.

Ist die einmalige Einnahme so hoch, dass der Anspruch auf SGB 2-Leistungen in diesem Monat ganz wegfallen würden, wird die einmalige Einnahme gleichmäßig auf einen **Zeitraum von sechs Monaten** verteilt und angerechnet. Die Anrechnung beginnt in der Regel jeweils im Folgemonat, nachdem die Einnahme eingegangen ist. Diese Regelung soll sicherstellen, dass der Leistungsbezug und der damit verbundene Krankenversicherungsschutz möglichst nicht unterbrochen werden.

Einmalige Einnahmen dürfen aber nur angerechnet werden, wenn sie tatsächlich zur Verfügung stehen. Wenn Sie das Geld ausgegeben haben, steht es nicht mehr zur Verfügung. Dann kann ein Anspruch auf SGB 2-Leistungen bestehen. Wenn Sie das Geld vorzeitig ausgegeben haben, erhalten Sie die SGB 2-Leistungen jedoch nur als Darlehen.

TIPP

Durch Anrechnung einer größeren Einnahme etwa bei einer Steuererstattung kann es sein, dass Sie für einige Monate keinen Anspruch auf SGB 2-Leistungen haben. Lassen Sie sich bitte beraten. Für diese Zeit sollten Sie in jedem Fall Wohngeld beantragen und – wenn Sie Kinder haben – sollten Sie darüber hinaus bei der Familienkasse einen Antrag auf Kinderzuschlag stellen. Denken Sie auch an Ihre Krankenversicherung, die Sie dann selbst sicherstellen müssen.

Kapitel 7: Bekomme ich auch Leistungen, wenn ich erwerbstätig bin?

Gesetzliche Grundlage: §§ 11 bis 11b SGB 2, Arbeitslosengeld 2/Sozialgeld-Verordnung

Erwerbstätige haben dann einen Anspruch auf SGB 2-Leistungen, wenn ihr Einkommen nicht ausreicht, den gesamten Bedarf für sich selbst und ihre Familie zu decken.

Der **Bedarf** wird bei Erwerbstätigen genau so berechnet wie bei nicht erwerbstätigen Leistungsberechtigten.

Um festzustellen, wie viel Einkommen anzurechnen ist, wird zunächst das **Nettoeinkommen** ermittelt. Davon werden gesetzlich vorgegebene **Freibeträge** abgezogen. Wenn das verbleibende anrechenbare Einkommen niedriger ist als der berechnete Bedarf, besteht Anspruch auf SGB 2-Leistungen. Die Leistungen ergänzen das eigene Einkommen, so dass der Bedarf gedeckt wird.

Wenn in einer Bedarfsgemeinschaft mit Kindern das Einkommen zwar den Bedarf der Eltern deckt, nicht aber den Bedarf der Kinder, kann ein Anspruch auf Kinderzuschlag bestehen. Pro Kind gibt es bis zu 185,00 € monatlich. Ab 2021 wird der Kinderzuschlag weiter erhöht. Die genaue Höhe ist jedoch noch offen. Zuständig ist die Familienkasse. Wenn Sie **Kinderzuschlag** erhalten, haben Sie keinen Anspruch auf SGB 2-Leistungen. Häufig haben Sie aber gleichzeitig einen Anspruch auf **Wohngeld**. Wenn aber durch eigenes Einkommen, Kinderzuschlag und Wohngeld der Bedarf nur für höchstens 3 Monate gedeckt werden kann, können Sie sich stattdessen für ergänzende SGB 2-Leistungen entscheiden.

1. Wie wird das Nettoeinkommen aus nicht-selbstständiger Arbeit ermittelt?

Vom Bruttoeinkommen zieht der Arbeitgeber Steuern und Sozialversicherungsbeiträge ab. So ergibt sich das Nettoeinkommen, das dem Arbeitnehmer ausgezahlt wird. In der Anlage zum SGB 2-Bewilligungsbescheid steht sowohl das Bruttoeinkommen als auch das Nettoeinkommen.

2. Wie wird das Einkommen aus selbstständiger Tätigkeit ermittelt?

Im Antrag auf SGB 2-Leistungen müssen Sie zunächst **selbst einschätzen**, wie sich Ihre Einnahmen und die notwendigen Ausgaben in Zukunft voraussichtlich entwickeln werden. Sie sind verpflichtet, diese Selbsteinschätzung abzugeben, sonst kann das Jobcenter die Leistungen verweigern (siehe Kapitel 2). Die Grundlage für die weiteren Berechnungen ist der Überschuss. Das ist der Betrag, der nach Abzug der notwendigen Ausgaben von den Einnahmen übrig bleibt. Die Einschätzung bezieht sich auf den kommenden Bewilligungszeitraum, das sind normalerweise 6 Monate.

! Nicht anerkannt werden Betriebsausgaben, die nicht notwendig sind oder den Lebensumständen einer Bezieherin von SGB 2-Leistungen nicht entsprechen. Das Jobcenter hat also das Recht, Ihre Ausgaben zu überprüfen. Außerdem kann das Jobcenter die von Ihnen nachgewiesenen Einnahmen erhöhen, wenn es Hinweise dafür hat, dass Sie nicht alle Einnahmen angegeben haben.

Vom **Überschuss** werden angemessene Kosten für soziale Sicherung abgezogen (z. B. angemessene Alterssicherung), dann wird er gleichmäßig auf die Monate des Bewilligungszeitraumes verteilt. Wenn Sie nicht in allen Monaten des Bewilligungszeitraums selbstständig tätig waren, werden nur die Monate zugrunde gelegt, in denen Sie tätig waren. Üben Sie mehrere selbstständige Tätigkeiten nebeneinander aus, wird der Überschuss für jede Tätigkeit einzeln berechnet. Verluste bei einer Tätigkeit können nicht mit dem Überschuss bei einer anderen Tätigkeit verrechnet werden.

Steuerliche Vorschriften spielen bei der Berechnung des Überschusses nach dem SGB 2 grundsätzlich keine Rolle. Sie dienen höchstens der Orientierung. Deshalb ist es nicht sinnvoll, für den SGB 2-Bereich einen Steuerberater einzuschalten.

Bei beruflichen Fahrten mit einem überwiegend privat genutzten Kraftfahrzeug können bei Selbstständigen 0,10 € für jeden gefahrenen Kilometer als Ausgaben abgesetzt werden.

Für Mehraufwendungen für Verpflegung bei mindestens 12 Stunden Abwesenheit von der Wohnung und der Arbeitsstätte wegen Erwerbstätigkeit können pauschal 6,00 € je Kalendertag geltend gemacht werden.

Das Jobcenter bewilligt die Leistungen nur vorläufig und in geschätzter Höhe, also unter dem Vorbehalt der Rückforderung. Sie müssen das tatsächliche Einkommen nach Ende des Bewilligungszeitraumes nachweisen. Tun Sie dies nicht, hat das Jobcenter das Recht, das Einkommen zu schätzen.

BEISPIEL

Sieglinde Werth unterrichtet Deutsch als Fremdsprache an der Volkshochschule. Damit verdient sie 3.000,00 € im Bewilligungszeitraum von 6 Monaten. Da diese Einnahmen für den Lebensunterhalt und die Sozialversicherung nicht reichen, beantragt sie ergänzende SGB 2-Leistungen für sich und ihren Sohn.

Ihre notwendigen Ausgaben für die Arbeit betragen 600,00 €.

So wird der Überschuss berechnet:

Einnahmen	3.000,00 €
abzüglich notwendige Ausgaben	600,00 €
Überschuss	2.400,00 €
verteilt auf 6 Monate	400,00 €

Beachten Sie, dass die Berechnung des Überschusses nur der erste Schritt ist und noch nicht das anrechenbare Einkommen darstellt, da die Freibeträge erst im nächsten Schritt noch berechnet werden müssen. Bei diesem Beispiel würden 160,00 € freigestellt und mtl. 240,00 € angerechnet. Einzelheiten folgen:

3. Freibetrag für Einkommen aus Erwerbstätigkeit

Vom Einkommen aus Erwerbstätigkeit wird zusätzlich ein Geldbetrag abgezogen (Freibetrag).

Dieser **Freibetrag gilt generell** für Einkommen aus Erwerbstätigkeit. Dazu gehören alle Einnahmen, die unter Einsatz der Arbeitskraft erzielt werden, auch Einkommen aus dem Bundesfreiwilligendienst oder Jugendfreiwilligendienst sowie die Lohnersatzleistungen Insolvenzgeld, Kurzarbeitergeld oder Lohnfortzahlung im Krankheitsfall – nicht aber das Krankengeld. Auf die Sozialversicherungspflicht der Tätigkeit kommt es nicht an. Der Freibetrag steht also auch Selbstständigen und Freiberuflern zu. Alle **erwerbstätigen** Mitglieder einer Bedarfsgemeinschaft können ihn nutzen. Das heißt, mehrere Personen innerhalb einer Bedarfsgemeinschaft können den Freibetrag jeweils für sich in Anspruch nehmen.

Für Empfänger von **Sozialgeld** gilt dieser Freibetrag nicht. Ihnen steht ein Freibetrag in Höhe von 30 % monatlich des Erwerbseinkommens zu, höchstens jedoch 216,00 €, das entspricht der halben Regelleistung für Alleinstehende im Jahr 2020. Eine Sonderregelung gibt es für Sozialgeldempfänger unter 15 Jahren, die Einkommen aus Erwerbstätigkeit erzielen. Ihnen steht ein pauschaler Freibetrag von 100,00 € im Monat zu. Wenn Ihre Kinder unter 15 Jahre alt sind und beispielsweise Zeitungen austragen oder Babysitten, können sie das damit erworbene Geld bis zu 100,00 € im Monat behalten. Was darüber liegt, wird als Einkommen angerechnet. Bei Schülern bis zum 24. Lebensjahr bleibt Ferien-Einkommen pro Jahr bis zu einem Betrag von 1.200,00 € anrechnungsfrei, wenn sie dies innerhalb von vier Wochen erzielen.

Der **Freibetrag wird aus dem Bruttoeinkommen errechnet** und dann vom Nettoeinkommen abgezogen. Bei Selbstständigen wird der Freibetrag aus dem Überschuss errechnet.

Der Freibetrag muss für jeden Monat berücksichtigt werden, in dem Sie erwerbstätig sind – auch wenn Ihr Arbeitslohn für mehrere Monate auf einmal ausgezahlt wird. Dies gilt aber nur, wenn Sie bei nur einem Arbeitgeber beschäftigt sind.

Der Freibetrag wird in drei Stufen ermittelt:

1. Stufe

Die ersten 100,00 € des monatlichen Bruttoeinkommens sind immer anrechnungsfrei. Dieser **Grundfreibetrag** soll gleichzeitig die Ausgaben für Versicherungsbeiträge, Altersvorsorge und die notwendigen Ausgaben zur Erzielung des Einkommens (Werbungskosten) abdecken.

Wenn Ihr Bruttoeinkommen über 400,00 € liegt und Sie mehr als 100,00 € monatlich an Werbungskosten, Ausgaben für Versicherungsbeiträge usw. haben, können Sie die tatsächlichen Ausgaben geltend machen (siehe unten Abschnitt 4).

2. Stufe

Für den Anteil vom monatlichen Bruttoeinkommen über 100,00 € bis 1.000,00 € gibt es einen Freibetrag von 20 %, also höchstens 180 € (20 % von 900,00 €).

3. Stufe

Für den Anteil vom monatlichen Bruttoeinkommen über 1.000,00 € bis 1.200,00 € gibt es einen Freibetrag von 10 %, also höchstens 20 € (10 % von 200,00 €).

Für Erwerbstätige mit mindestens einem minderjährigen Kind reicht die 3. Stufe von 1.000,00 € bis 1.500,00 €, das ergibt also höchstens 50 € (10 % von 500,00 €). Ob das minderjährige Kind mit in der Bedarfsgemeinschaft lebt oder nicht, spielt keine Rolle.

BEISPIEL

Georg Schulz und seine Frau Sabine haben 2 minderjährige Kinder. Frau Schulz verdient monatlich 1.400,00 € brutto

Das Bruttoeinkommen wird zunächst geteilt.

Der Anteil des Einkommens bis 100,00 € beträgt:	100,00 €
Der Anteil des Einkommens über 100,00 € bis 1.000,00 € beträgt:	900,00 €
Der Anteil des Einkommens über 1.000,00 € bis 1.400,00 € (maximal 1.500,00 €) beträgt:	400,00 €

Freibetrag insgesamt

1. Stufe Grundfreibetrag	100,00 €
2. Stufe Freibetrag (20 % von 900,00 €)	180,00 €
3. Stufe Freibetrag (10 % von 400,00 €)	40,00 €
Gesamtfreibetrag	**320,00 €**

4. Was ist, wenn die Ausgaben für Werbungskosten usw. über dem Grundfreibetrag von 100,00 € liegen?

Der Grundfreibetrag in Höhe von 100,00 € monatlich deckt zugleich die Werbungskosten, die Ausgaben für Versicherungsbeiträge und für die Altersvorsorge pauschal ab.

Erst bei Erwerbseinkommen über 400,00 € ist es möglich, **Ausgaben** geltend zu machen, **die über dem Grundfreibetrag liegen**. Dazu müssen Sie nachweisen, dass Ihre tatsächlichen Ausgaben für gesetzlich vorgeschriebene Versicherungen, Werbungskosten, Fahrtkosten, Beiträge für die Altersvorsorge und die Versicherungspauschale von 30,00 € höher sind als 100,00 € monatlich.

Dabei können für Fahrtkosten zur Arbeit mit dem KFZ (Auto oder Motorrad) 0,20 € je Entfernungskilometer einfache Fahrt geltend gemacht werden (das entspricht 0,10 € für den gefahrenen Kilometer). Ist die Summe dieser Ausgaben höher als 100,00 €, wird der übersteigende Betrag zusätzlich vom Einkommen abgezogen (siehe folgendes Berechnungsbeispiel für ein erwerbstätiges Ehepaar).

BEISPIEL:

Frau Schulz ist als Verkäuferin tätig. Sie verdient brutto 1.400,00 € im Monat. Netto bekommt sie 1.041,00 € vom Arbeitgeber ausgezahlt. Ihr Mann arbeitet täglich 5 Stunden. Er verdient brutto 1.000,00 €, netto 795,00 €. Er fährt täglich mit dem Auto 15 km zu seiner Arbeitsstätte (einfache Fahrt). Das Ehepaar Schulz hat zwei Kinder im Alter von 9 und 15 Jahren. Die monatliche Miete beträgt 700,00 € inklusive der Nebenkosten. Die Heizkosten betragen monatlich 95,00 €.

Die tatsächlichen notwendigen Ausgaben von Herrn Schulz betragen 122,00 €: Versicherungspauschale 30,00 €, KFZ-Haftpflichtversicherung 35,00 €, Fahrtkosten 57,00 € (15 km x 0,20 € x 19 Arbeitstage im Monat)

Zunächst wird der Bedarf berechnet, dann das Einkommen, das anzurechnen ist. Ist der Bedarf höher als das Einkommen, ergibt sich aus dem Unterschiedsbetrag der Anspruch auf SGB 2-Leistungen.

Bedarf		
Frau Schulz	389,00 €	
Herr Schulz	389,00 €	
Kind 15 Jahre alt	328,00 €	
Kind 9 Jahre alt	308,00 €	
Miete	700,00 €	
Heizkosten	95,00 €	
Bedarf insgesamt		**2.209,00 €**
Einkommen		
Frau Schulz Nettoeinkommen	1.041,00 €	
Abzüglich:		
1. Stufe: Grundfreibetrag	– 100,00 €	
2. Stufe: Freibetrag 20 % von 900 € (100 € bis 1.000 €)	– 180,00 €	
3. Stufe: Freibetrag 10 % von 400 € (1.000 € bis 1.400 € = Bruttolohn)	– 40,00 €	
Einzusetzendes Einkommen Frau Schulz		721,00 €
Herr Schulz Nettoeinkommen	795,00 €	
Abzüglich:		
1. Stufe: Grundfreibetrag	– 100,00 €	
2. Stufe: Freibetrag 20 % von 900 € (100 € bis 1.000 € = Bruttolohn)	– 180,00 €	
Tatsächliche notwendige Ausgaben über 100,00 €	– 22,00 €	
Einzusetzendes Einkommen Herr Schulz		493,00 €
Kindergeld für 2 Kinder (2 x 204,00 €)		408,00 €
Einzusetzendes Einkommen insgesamt		**1.622,00 €**
Bedarf – Einzusetzendes Einkommen: 2.209,00 € – 1.622,00 € →		
SGB 2-Leistung		**587,00 €**
Die Familie Schulz verfügt monatlich **über:**		
Nettoeinkommen Frau Schulz		1.041,00 €
Nettoeinkommen Herr Schulz		795,00 €
Kindergeld für 2 Kinder		408,00 €
SGB 2-Leistung		587,00 €
Insgesamt		2.831,00 €

Bei Erwerbstätigen mit kleinen Kindern kommen häufig Ausgaben für Kinderbetreuung dazu. Diese Ausgaben sind notwendig, damit die Eltern arbeiten und Geld verdienen können. Trotzdem werden sie jedoch nicht vom Einkommen abgesetzt. Als Grund wird angegeben, dass die Eltern zunächst Leistungen der Kinder- und Jugendhilfe (SGB 8) beantragen sollen. Stellen Sie in diesem Fall unbedingt einen Antrag auf SGB 8-Leistungen bei Ihrem Jugendamt.

5. Höherer Grundfreibetrag bei ehrenamtlicher oder nebenberuflicher Tätigkeit

Der Grundfreibetrag erhöht sich von 100 € auf bis zu 200 €, wenn Sie bestimmte ehrenamtliche oder nebenberufliche Tätigkeiten ausüben. Dazu zählt zum Beispiel eine nebenberufliche Tätigkeit als Übungsleiter in einem Sportverein, eine nebenberufliche Pflege im gemeinnützigen oder kirchlichen Bereich oder eine Tätigkeit als Vormund. Diese Regelung gilt auch, wenn Sie Aufwandsentschädigungen bekommen, etwa im Rahmen eines politischen Mandats oder als Schöffe oder bei der freiwilligen Feuerwehr.

Diese Berechnung ist vor allem dann nicht ganz einfach, wenn Sie zusätzlich noch Erwerbseinkommen haben. Dann erhöht sich der Grundfreibetrag von 100,00 € um zusätzliche 100,00 € und die zweite Stufe der Freibetragsberechnung mit 20 % startet dann trotzdem wie gehabt bei 100,00 €.

Wir empfehlen daher eine Beratung. Im Internet finden Sie einige Beispielsberechnungen unter: www.arbeitsagentur.de → In der Suchmaske „Weisungen“ eingeben → Weisungen nach Rechtsnormen → Gesetzbuch: SGB II – Grundsicherung für Arbeitsuchende → §§ 11–11b → Gliederungspunkt 6.6.3.1 Grundabsetzungsbetrag.

6. Anrechnung von Unterhaltszahlungen

Vielen Menschen ist nicht bekannt, dass auch Unterhaltszahlungen vom Einkommen abgesetzt werden können. Das hat für die Unterhaltsberechtigten den Vorteil, dass sie weiter den nötigen Unterhalt bekommen. Der Unterhaltspflichtige muss den bestehenden Unterhaltstitel nicht ändern lassen und häuft keine Unterhaltsschulden an. Es vermeidet auch Streit und Missverständnisse zwischen Unterhaltspflichtigen und Unterhaltsberechtigten.

Unterhaltszahlungen können vom Einkommen abgesetzt werden, wenn

- eine gesetzliche Unterhaltspflicht besteht
- darüber ein Urteil, eine notarielle Urkunde oder eine Urkunde des Jugendamtes vorliegt
- tatsächlich Unterhalt gezahlt wird.

Kapitel 8: Habe ich trotz Vermögen einen Anspruch auf SGB 2-Leistungen?

Gesetzliche Grundlage: § 12 SGB 2

Wer seinen Lebensunterhalt aus dem zu berücksichtigenden Vermögen sichern kann, ist nicht hilfebedürftig und erhält keine Leistungen.

1. Was ist Vermögen?

Unter Vermögen versteht man **Geld oder geldwerte Güter**. Dazu gehören Guthaben auf Konten, ein Auto, Schmuckstücke, Gemälde, Antiquitäten, Immobilien und andere wertvolle Dinge. Dazu gehören auch auf Geld gerichtete Forderungen, Aktien, Gesellschaftsanteile und persönliche Rechte wie Nießbrauch und Urheberrechte.

Grundsätzlich wird unterschieden zwischen Vermögen und Einkommen:

- **Vermögen** – das sind die Werte und das Geld, die bei Antragstellung bereits vorhanden sind.
- **Einkommen** – das sind die Werte und das Geld, die während des Bedarfszeitraumes hinzukommen.

Bei der Beurteilung von Vermögen ist wichtig, ob es **verwertbar** ist. Vermögen ist verwertbar, wenn es unmittelbar für den Lebensunterhalt eingesetzt oder nutzbar gemacht werden kann (durch Verbrauch, Verkauf, Übertragung, Beleihung, Vermietung/Verpachtung). Nur verwertbares Vermögen darf angerechnet werden.

Nicht verwertbar sind

- Gegenstände, über die der Inhaber wegen Pfändung, Beschlagnahme oder Insolvenz nicht frei verfügen darf
- Betriebliche Altersversorgung in Form einer Direktversicherung und Rürup-Rente
- in der Regel Kleingärten einschließlich der Lauben und Datschen. Nur in begründeten Einzelfällen kann die Verwertung gefordert werden.

Wenn der Verbrauch oder die Verwertung nicht sofort möglich sind, besteht die Hilfebedürftigkeit weiter. Die SGB 2-Leistungen werden in diesem Fall aber nur als Darlehen bezahlt. Ist die Verwertung jedoch völlig ungewiss oder gar nicht möglich, besteht Anspruch auf SGB 2-Leistungen als Zuschuss.

Sparguthaben, Bausparverträge oder ausgezahlte Lebensversicherungen bleiben auch nach der Auszahlung Vermögen. Wenn dazu auch Zinsen ausgezahlt werden, sind diese jedoch Einkommen.

2. Geschütztes Vermögen

Geschütztes Vermögen „wird nicht angetastet“, es wird bei der Prüfung des Anspruchs auf SGB 2 Leistungen nicht berücksichtigt. Dazu gehören:

- angemessener **Hausrat**
- ein angemessenes Kraftfahrzeug für jede erwerbsfähige Person in der Bedarfsgemeinschaft. Der angemessene Wert für ein **Auto** liegt bei 7.500,00 €.
- angemessene **Altersvorsorge** für Personen, die von der gesetzlichen Rentenversicherungspflicht befreit sind
- eine zusätzliche **private Altersabsicherung**, die nach gesetzlichen Vorschriften gefördert wird – also z. B. die Riester-Rente, wenn sie vom Inhaber nicht vorzeitig verwendet werden kann
- Vermögensgegenstände, die für die Berufsausbildung oder Erwerbstätigkeit unbedingt notwendig sind (zu Beginn oder für die Fortsetzung)
- Vermögen, mit dem bald eine angemessene Wohnung oder ein Haus für einen behinderten oder pflegebedürftigen Menschen gekauft oder erhalten werden soll
- Sachen und Rechte, deren Verwertung sich nicht lohnt
- Sachen und Rechte, deren Verwertung eine **besondere Härte** darstellen würde, zum Beispiel angespartes Schmerzensgeld
- ein **selbst genutztes Eigenheim** oder eine Eigentumswohnung von angemessener Größe

→ Wie groß ist angemessen?

Bei Wohneigentum gilt ein Einfamilienhaus mit 130 m² **Wohnfläche** als angemessen für 4 Personen. Bei einer Eigentumswohnung sind es 120 m² für 4 Personen. Für jede Person weniger oder mehr werden jeweils 20 m² abgezogen bzw. hinzu gerechnet. Somit ergeben sich bei einem Einfamilienhaus für 2 Personen 90 m² und für 6 Personen 170 m². Ein angemessen großer Ein-Personenhaushalt darf höchstens 80 m² groß sein.

Die angemessene **Grundstücksgröße** beträgt in der Stadt bis zu 500 m². Auf dem Land sind es bis zu

800 m². Stehen im Bebauungsplan höhere Werte, gelten diese als angemessen. Das gleiche gilt, wenn größere Grundstücke ortsüblich sind.

Eine selbst bewohnte Immobilie ist grundsätzlich geschützt, wenn ihre Größe angemessen ist.

Ist eine selbst genutzte Immobilie zu groß, kann das Jobcenter eine **teilweise Verwertung** verlangen. Das könnte bedeuten, dass ein Teil des Grundstücks oder ein Teil des Hauses verkauft werden muss. Ist das Eigenheim unangemessen groß, aber nicht verwertbar, kann die SGB 2-Leistung als Darlehen bewilligt werden. Das Jobcenter kann in diesem Fall die Eintragung einer Grundschuld oder einer Hypothek zu seinen Gunsten verlangen. Eine andere Möglichkeit der Verwertung wäre zum Beispiel die Vermietung einzelner Zimmer.

3. Geschontes Vermögen

Geschontes Vermögen können Sie verwenden, wie Sie wollen. Dafür gibt es **Freibeträge** bis zu einer bestimmten Grenze.

→ Grundfreibetrag

Der Grundfreibetrag für Geld und sonstiges Vermögen richtet sich bei volljährigen Leistungsberechtigten nach dem Lebensalter. Er beträgt 150,00 € je vollendetem Lebensjahr, mindestens 3.100,00 €, höchstens 10.050,00 € je nach Lebensalter. Für jedes minderjährige Kind beträgt er 3.100,00 €, unabhängig vom Alter. In Partnerschaften werden die Freibeträge der Partner zusammengezählt. Dieser Betrag wird dann mit dem gemeinsamen Vermögen verglichen. Dabei ist es gleichgültig, wer von beiden das Vermögen besitzt. Die Freibeträge von Kindern und Eltern werden dagegen nicht zusammengezählt.

BEISPIEL

Der 45-jährige Michael Bertram lebt mit seiner 43-jährigen Frau Maria und seinem 15-jährigen Sohn Martin zusammen.

Berechnung der Vermögens-Freibeträge der Familie Bertram

Michael Bertram 45 x 150,00 €	= 6.750,00 €
Maria Bertram 43 x 150,00 €	= 6.450,00 €
Gemeinsamer Grundfreibetrag für Vermögen der Eheleute Bertram	**13.200,00 €**
Martin Bertram	3.100,00 €

Der **Freibetrag ist nicht zweckgebunden**. Darum kann innerhalb dieser Grenzen zum Beispiel auch Vermögen für die Alterssicherung geschützt sein. Auch übersteigende Beträge aus anderen Vermögensbereichen können diesem Grundfreibetrag zugerechnet werden. Zum Beispiel bei einem zu teuren Auto. In diesem Fall kann der Grundfreibetrag den übersteigenden Betrag aufnehmen, um den das Auto zu teuer ist.

BEISPIEL

Dieselben Eheleute Bertram besitzen ein Auto im Wert von 10.000,00 €. Außerdem haben sie ein Barvermögen in Höhe von 7.000,00 €.

Der Wert eines Autos gilt bis zu 7.500,00 € als angemessen. Der Wert des Autos übersteigt diesen Betrag um 2.500,00 €.

Das Barvermögen der Eheleute Bertram von 7.000,00 € liegt unter dem gemeinsamen Vermögens-Freibetrag von 13.200,00 €. Aus diesem nicht ausgeschöpften gemeinsamen Freibetrag können die 2.500,00 € für das „zu wertvolle" Auto abgedeckt werden.

→ Zusätzlicher Freibetrag für notwendige größere Anschaffungen

Für jede Person der Bedarfsgemeinschaft gibt es zusätzlich einen Freibetrag in Höhe von 750,00 € für notwendige Anschaffungen. Wenn die Eltern ihre eigenen Freibeträge bereits ausgeschöpft haben, kann dieser Freibetrag von den Kindern auf die Eltern übertragen werden.

4. Freibetrag für Altersvorsorge

TIPP

Für jede erwerbsfähige Person gibt es einen zusätzlichen Freibetrag für die Altersvorsorge. Die Höhe beträgt 750,00 € je vollendetem Lebensjahr, höchstens jedoch 50.250,00 €, je nach Lebensalter

Voraussetzungen sind:

- Die vorzeitige Verwertung ist durch eine Zusatzvereinbarung im Vertrag ausgeschlossen, zum Beispiel bei einer Lebensversicherung. Diese Vereinbarung kann auch während des laufenden Versicherungsvertrages noch in den Vertrag aufgenommen werden. Dies muss allerdings geschehen, bevor der Antrag auf SGB 2-Leistungen gestellt wird. So wird das Vermögen geschützt.

- Die Ansprüche werden frühestens mit 60 Jahren fällig (für manche Berufsgruppen gelten niedrigere Altersgrenzen).

Wer nicht in der gesetzlichen Rentenversicherung ist, darf ein höheres Vermögen für die Altersvorsorge haben. Die angemessene Höhe wird im Einzelfall festgestellt

5. Was geschieht, wenn verwertbares Vermögen die Freibeträge überschreitet?

Vermögen verwerten bedeutet Vermögen aufbrauchen oder Wertobjekte verkaufen. Zunächst wird geprüft, ob die Verwertung des Vermögens eine besondere Härte darstellt oder ob die Verwertung unwirtschaftlich ist. Weisen Sie das Jobcenter darauf hin, wenn Sie meinen, dass dies bei Ihnen so ist.

Wenn die Verwertung des Vermögens eine besondere Härte bedeutet oder offensichtlich unwirtschaftlich wäre, muss das Vermögen nicht verwertet werden. In diesem Fall besteht ein Anspruch auf die SGB 2-Leistungen.

Anders ist es, wenn das Vermögen verwertbar ist, aber **nicht kurzfristig** verwertet werden kann. In einem solchen Fall erhalten Sie SGB 2-Leistungen aber nur als Darlehen.

a) Besondere Härte

Bei der Verwertung eines Vermögens soll eine besondere Härte vermieden werden. Dafür können besondere Lebensumstände des Leistungsberechtigten eine Rolle spielen. Es soll auch berücksichtigt werden, woher das Vermögen kommt und wofür es bestimmt ist.

Eine Verwertung folgender Vermögen kann eine besondere Härte bedeuten:

- Ersparnisse für die Altersvorsorge
- lückenhafte gesetzliche Rentenversicherung wegen früherer Selbstständigkeit
- landwirtschaftliche Nutzflächen, die für die Alterssicherung bestimmt sind
- Familien- und Erbstücke
- Vermögensrücklagen für eine würdige Beerdigung und Grabpflege
- nicht angemessenes, zu wertvolles Hausgrundstück, wenn in der zweiten Wohnung bedürftige Verwandte wohnen

Ob eine „besondere Härte“ vorliegt, kann gerichtlich überprüft werden. Lassen sie sich fachkundig beraten, bevor Sie einen Antrag stellen.

b) Unwirtschaftlichkeit der Verwertung

Die Verwertung lohnt sich nicht, wenn Sie beim Verkauf einen deutlichen Verlust machen. Das kann zum Beispiel bei einer Lebensversicherung oder Schmuck der Fall sein. In der Regel wird man bei einer Lebensversicherung aber davon ausgehen müssen, dass die Verwertung nicht unwirtschaftlich ist, auch wenn Sie weniger herausbekommen, als Sie eingezahlt haben, beispielsweise nur 90 %. Bei Aktien ist eine Verwertung auch bei erheblichen Verlusten zumutbar, weil diese als spekulative Geldanlage angesehen werden.

c) Einsatz verwertbaren Vermögens

Sie gelten **nicht** als **bedürftig**,

- wenn das Vermögen den individuellen Freibetrag übersteigt
- wenn der Einsatz des Vermögens keine besondere Härte darstellt
- und die Verwertung nicht unwirtschaftlich ist.

Der Antrag auf SGB 2-Leistungen wird also abgelehnt.

Wenn ein Kind in Ihrer Bedarfsgemeinschaft verwertbares Vermögen besitzt, das höher ist als der Freibetrag von insgesamt 3.850,00 € (3.100,00 € und 750,00 €), scheidet es aus der Bedarfsgemeinschaft aus. Es muss seinen Bedarf aus seinem Vermögen decken.

Erst wenn das Vermögen soweit aufgebraucht wurde, dass es innerhalb der Freibeträge liegt, kann die Leistung beantragt werden. Die Bewilligung erfolgt nicht automatisch, sondern nur auf Antrag.

Das Jobcenter kann Ihnen jedoch nicht vorschreiben, wie lange Ihr Vermögen ausreichen muss. Falls das Jobcenter Ihnen vorwirft, dass das Geld hätte länger reichen müssen, sollten Sie bei einem Neuantrag die Mehrausgaben nachweisen, um in die Bewilligung der SGB 2-Leistungen zu kommen.

Kapitel 9: Wie wirkt sich das Zusammenleben in einem Haushalt aus? Werden die Bedarfe und das Einkommen meines Ehepartners und meiner Kinder berücksichtigt?

Gesetzliche Grundlage: §§7 und 9 SGB 2

Wenn verschiedene Personen zusammenwohnen – beispielsweise als Familie –, bilden sie in der Regel eine Bedarfsgemeinschaft.

Eine **Bedarfsgemeinschaft** bedeutet:

Alle Einnahmen der Familienmitglieder werden in einen Topf getan. Daraus wird der Lebensunterhalt für alle finanziert. In diesem Fall wird die SGB 2-Leistung grundsätzlich für alle Familienmitglieder gemeinsam ermittelt. Entscheidend ist: Mindestens ein Mitglied der Bedarfsgemeinschaft muss **erwerbsfähig** sein. Sonst besteht kein Anspruch auf SGB 2-Leistungen.

1. Bedarfsgemeinschaft von Erwachsenen

Die folgenden Lebenssituationen sind typische Beispiele für Bedarfsgemeinschaften von Erwachsenen. Sie gelten auch für Minderjährige in gleicher Lebenssituation.

1. Partner, die in einer **Ehe** oder einer **gleichgeschlechtlichen Lebenspartnerschaft** zusammen in einer Wohnung leben. Auch, wenn sie für begrenzte Zeit getrennt leben. Oder wenn sie aus beruflichen Gründen an zwei verschiedenen Orten leben und beide einen eigenen Haushalt haben.
2. Zwei Menschen, die wie ein Ehepaar zusammenleben, füreinander Verantwortung tragen und einstehen – **eheähnliche Gemeinschaft**. Eine solche Gemeinschaft wird angenommen, wenn die Partner
   - länger als ein Jahr zusammenleben oder
   - mit einem gemeinsamen Kind zusammenleben oder
   - Kinder oder Angehörige im Haushalt versorgen oder
   - über Einkommen oder Vermögen des Anderen verfügen dürfen.

! Natürlich können zwei Personen länger als ein Jahr zusammen in einer Wohnung leben und keine Bedarfsgemeinschaft bilden und sich nicht gegenseitig finanziell unterstützen.

In diesem Fall muss der Antragsteller erklären, warum keine Bedarfsgemeinschaft besteht, sondern die Personen lediglich zusammenwohnen (siehe unten Abschnitt 5: Wohngemeinschaft). Dazu genügt es in der Regel nicht, dies einfach zu behaupten. Es müssen vielmehr nachvollziehbare Gründe dafür vorgetragen werden. Gegen eine Bedarfsgemeinschaft spricht zum Beispiel, wenn:

- die Haushalte getrennt geführt werden
- jeder für sich einkauft und kocht
- jeder seine Wäsche selbst wäscht
- keine gemeinsam angeschafften Möbel oder Hausrat vorhanden sind
- jeder sein Leben im Wesentlichen unabhängig vom Anderen gestaltet (siehe Wohngemeinschaft: unten Abschnitt 5).

2. Bedarfsgemeinschaft mit Kindern

Zu einer Bedarfsgemeinschaft von Alleinstehenden oder Partnern gehören auch deren Kinder, wenn diese

- im selben Haushalt leben,
- noch keine 25 Jahre alt sind,
- unverheiratet sind und
- ihren Lebensunterhalt nicht aus eigenem Einkommen oder Vermögen finanzieren können.

Eine Bedarfsgemeinschaft wird nicht nur mit den leiblichen und den Adoptiveltern gebildet. Eine Bedarfsgemeinschaft besteht auch zum **Stiefvater** und zur **Stiefmutter**. Dies gilt selbst dann, wenn Stiefvater oder Stiefmutter mit dem leiblichen Elternteil nicht verheiratet ist, sondern nur wie in einer Ehe zusammenlebt.

Ein erwerbsfähiges, unverheiratetes Kind (zwischen 15 und 24 Jahren) bildet auch mit seinen erwerbsunfähigen Eltern oder einem Elternteil eine Bedarfsgemeinschaft. Das gilt auch, wenn das Kind noch zur Schule geht. Die Bedarfsgemeinschaft besteht auch, wenn der erwerbsunfähige Elternteil mit einem Partner zusammenlebt. Auch ein eventuelles unverheiratetes Kind dieses Partners gehört bis zum Alter von 24 Jahren zur Bedarfsgemeinschaft, wenn es im selben Haushalt lebt.

a) Kein Einkommens- und Vermögenseinsatz trotz Mitgliedschaft in der Bedarfsgemeinschaft

Lebt eine bis zu 24 Jahre alte **Tochter** bei ihren Eltern und ist sie schwanger, gehört die Tochter zwar zur Bedarfsgemeinschaft mit den Eltern. Die Eltern sind aber nicht verpflichtet, ihr Einkommen oder Vermögen für ihre Tochter einzusetzen. Dem Bedarf der Tochter wird also nur ihr eigenes Einkommen und Vermögen gegenübergestellt, nicht aber das ihrer Eltern.

Eine **dauerhaft voll erwerbsunfähige Person** im Alter von 18 bis 65 bzw. 66 Jahren oder eine **Person über 65 bis 66 Jahre** (siehe Kapitel 1 Abschnitt 3) hat Anspruch auf Grundsicherungsleistungen nach dem 4. Kapitel des Sozialgesetzbuches 12. Dieser Anspruch hat Vorrang gegenüber den Leistungen des SGB 2. Das heißt, eine solche Person hat keinen Anspruch auf SGB 2-Leistungen. Sie bleibt dennoch Mitglied der Bedarfsgemeinschaft.

b) Kinder außerhalb der Bedarfsgemeinschaft

Wenn das **Kind seinen Bedarf** und damit seinen Lebensunterhalt **aus eigenem Einkommen oder Vermögen decken kann**, gehört es nicht mehr zur Bedarfsgemeinschaft mit seinen Eltern, ganz egal wie alt es ist. Das kann der Fall sein, wenn das Kind hohe Unterhaltsleistungen von dem getrennt lebenden Elternteil bekommt. Weitere Einkommen sind Kindergeld, eine Ausbildungsvergütung oder Arbeitslohn. Wenn das gesamte Einkommen des Kindes höher ist als sein Bedarf, gehört es nicht mehr zur Bedarfsgemeinschaft. Ist der Bedarf des Kindes gedeckt, wird allein das den Bedarf übersteigende Kindergeld bei den Eltern als Einkommen angerechnet.

Lebt ein **25 Jahre oder älteres Kind** bei seinen Eltern oder einem Elternteil, bildet es mit diesen **keine Bedarfsgemeinschaft** mehr. Es wird dann als alleinstehend behandelt.

Wenn ein Kind **verheiratet** ist und trotzdem bei den Eltern lebt, gehört es unabhängig von seinem Alter ebenfalls nicht zur Bedarfsgemeinschaft der Eltern.

3. Folgen der Bedarfsgemeinschaft

Eine Bedarfsgemeinschaft von mehreren Menschen bedeutet: Bei der Berechnung von Leistungen wird nicht nur das eigene Einkommen und Vermögen angerechnet, sondern auch das Einkommen und Vermögen des Partners. Auf den Bedarf von Kindern wird Einkommen und Vermögen der Eltern und Stiefeltern angerechnet. Praktisch werden das **Einkommen und das Vermögen aller Mitglieder der Bedarfsgemeinschaft** zusammengezählt und dem **SGB 2-Bedarf aller Mitglieder der Bedarfsgemeinschaft** gegenübergestellt.

Im Bescheid des Jobcenters ist die Berechnung des Bedarfs und des Einkommens leider viel komplizierter dargestellt. Dort wird der Bedarf auf die einzelnen Mitglieder der Bedarfsgemeinschaft verteilt. Die Kosten der Unterkunft werden gesondert aufgeführt und auf die Personen gleichmäßig verteilt.

In unserem Beispiel auf den nächsten Seiten wird die SGB 2-Leistung in Höhe von 377,00 € im Bescheid auf die einzelnen **Mitglieder der Bedarfsgemeinschaft verteilt**. Herr Meier und seine Frau bekommen jeweils 128,59 €. Das Kind Anton bekommt 66,32 €. Das Kind Barbara bekommt 53,50 €.

Diese **Verteilung der SGB 2-Leistungen** ist dann wichtig, wenn das Jobcenter Leistungen zurückfordert oder kürzt. Wenn eine Leistungskürzung bei einem Mitglied der Bedarfsgemeinschaft berechtigt sein mag, so darf sie im Endeffekt nicht auch den Rest der Bedarfsgemeinschaft treffen. Das wird in der Praxis manchmal übersehen. In unserem Beispiel beträgt die Leistung für Herrn Meier 128,59 €. Hat Herr Meier z. B. seine gesetzlichen Pflichten verletzt, darf die Leistungskürzung also höchstens 128,59 € betragen.

Die Verteilung der SGB 2-Leistung ist auch wichtig, wenn das Geld nicht insgesamt überwiesen werden soll, sondern **auf verschiedene Konten**. Jedes Mitglied der Bedarfsgemeinschaft hat einen eigenen Leistungsanspruch. Kommt es innerhalb der Bedarfsgemeinschaft zu Konflikten, kann die Partnerin oder der Partner verlangen, dass ihr Anteil an den Leistungen auf ihr eigenes Konto überwiesen wird.

Zusätzlich finden Sie am Ende der Broschüre noch einen kommentierten Musterbescheid mit der Berechnung und Verteilung des Bedarfs. Zugrunde gelegt ist der aktuelle Bescheid der Arbeitsverwaltung im Internet unter www.arbeitsagentur.de → Suche (oben rechts) → „Musterbescheid“ eingeben → Merkblätter und Formulare → „Arbeitslosengeld II Musterbescheid“ und „Arbeitslosengeld II Musterberechnungsbogen“.

BEISPIEL:

Frau Meier lebt mit ihrem Ehemann zusammen. Sie hat mit ihm zusammen zwei Kinder im Alter von 4 (Barbara) und 8 Jahren (Anton). Beide Eheleute sind erwerbstätig. Der Ehemann verdient monatlich brutto 1.800,00 €, (netto 1.435,00 €). Frau Meier ist geringfügig beschäftigt mit einem monatlichen Nettoeinkommen von 400,00 €. Die 4 Personen wohnen zusammen und zahlen 700,00 € Miete und Nebenkosten. Dazu kommen 94,00 € Heizkosten, insgesamt also 794,00 €.

Einkommen			
Herr Meier Nettoeinkommen	1.435,00 €		
Abzüglich Freibetrag wegen Erwerbstätigkeit (siehe Kapitel 7 Abschnitt 3)	– 330,00 €	1.105,00 €	
Frau Meier Nettoeinkommen	400,00 €		
Abzüglich Freibetrag wegen Erwerbstätigkeit (siehe Kapitel 7 Abschnitt 3)	– 160,00 €	240,00 €	
Kindergeld 2 x 204,00 €		408,00 €	
Anzurechnendes Einkommen insgesamt			1.753,00 €
SGB 2 Bedarf			
Frau Meier Regelbedarf (siehe Kapitel 3 Abschnitt 1)		389,00 €	
Herr Müller Regelbedarf		389,00 €	
Kind Anton Regelbedarf		308,00 €	
Kind Barbara Regelbedarf		250,00 €	
Miete inkl. Nebenkosten (siehe Kapitel 4)		700,00 €	
Heizkosten		94,00 €	
SGB 2-Bedarf insgesamt			2.130,00 €
Abzüglich anzurechnendes Einkommen			– 1.753,00 €
Anspruch auf SGB 2-Leistungen insgesamt			377,00 €
Familie Müller hat monatlich zur Verfügung:			
Nettoeinkommen Herr Müller			1.435,00 €
Nettoeinkommen Frau Müller			400,00 €
Kindergeld für 2 Kinder à 204,00 €			408,00 €
SGB 2-Leistungen			377,00 €
Insgesamt			2.620,00 €

Die SGB 2-Leistung in Höhe von 377,00 € wird auf die vier Personen des Haushalts wie folgt aufgeteilt:

		Gesamt	Herr Meier	Frau Meier	Anton	Barbara
1	Regelbedarf	1.336,00	389,00	389,00	308,00	250,00
2	Miete, Nebenkosten und Heizung (gleichmäßig aufgeteilt)	794,00 100 %	198,50 25 %	198,50 25 %	198,50 25 %	198,50 25 %
3	**Gesamtbedarf**	**2.130,00**	**587,50**	**587,50**	**506,50**	**448,50**
4	Gesamtbedarf ohne Kindergeld (2x204 €)	1.722,00 100 %	587,50 34,12 %	587,50 34,12 %	302,50 17,56 %	244,50 14,20 %
5	Erwerbseinkommen netto	1.835,00	1.435,00	400,00		
6	Abzüglich Freibetrag	490,00	330,00	160,00		
7	Verteilbares Erwerbseinkommen	1.345,00	1.105,00	240,00		
8	Einkommen aus Kindergeld				204,00	204,00
9	Verteilung des Einkommens, Anteile wie in Zeile 4	1.345,00 100 %	458,91 34,12 %	458,91 34,12 %	236,18 17,56 %	191,00 14,20 %
10	**Zu berücksichtigendes Gesamteinkommen (mit Kindergeld)**	**1.753,00**	**458,91**	**458,91**	**440,18**	**395,00**
11	**Leistung**	**377,00**	**128,59**	**128,59**	**66,32**	**53,50**

Zeile 3: Summe aus den Beträgen in Zeile 1 und Zeile 2
Zeile 4: In diesem Verhältnis wird in Zeile 9 das Einkommen (ohne Kindergeld) verteilt
Zeile 9: Siehe Zeile 7 und Zeile 4
Zeile 11: vom Gesamtbedarf (Zeile 3) wird das Einkommen (Zeile 10) abgezogen.

Die Berechnung ist in Wirklichkeit noch etwas komplizierter, weil das Jobcenter noch mehr vom Einkommen abzieht (siehe das Beispiel in Kapitel 7 Abschnitt 4). Außerdem können weitere Leistungen dazu kommen, etwa ein Mehrbedarf für Alleinerziehende oder für Warmwasser (siehe Kapitel 3 Abschnitt 2 b oder g). Sehen Sie sich auch den Musterbescheid im Anhang an.

4. Haushaltsgemeinschaft

Wenn Verwandte oder Verschwägerte zusammenleben, geht man von einer **Haushaltsgemeinschaft** aus. Dies können zum Beispiel Geschwister sein oder Enkel, die bei ihren Großeltern leben oder Nichten/Neffen bei Onkel oder Tante. Eine Haushaltsgemeinschaft kann auch mit Verschwägerten gebildet werden. Verschwägerte sind z. B. die Verwandten des Ehepartners, aber auch die Frau des Onkels oder der Mann der Schwester. Es besteht auch eine Haushaltsgemeinschaft, wenn das Kind im Alter ab 25 Jahren mit seinen Eltern zusammenlebt.

Für eine Haushaltsgemeinschaft vermutet das Jobcenter, dass der Leistungsberechtigte von den anderen Mitgliedern der Haushaltsgemeinschaft mit Geld oder anderen Mitteln unterstützt wird. Das gilt allerdings nur, wenn deren Einkommen oder Vermögen so hoch sind, dass man das erwarten kann.

So wird **pauschal berechnet**, welche Unterstützung von jedem einzelnen Mitglied der Haushaltsgemeinschaft erwartet wird:

Für jedes einzelne Mitglied wird wie bei einem SGB 2-Leistungsempfänger das Einkommen berechnet. Davon wird ein Freibetrag abgezogen. Er setzt sich zusammen aus dem doppelten Regelbedarf für Alleinstehende (im Jahr 2020: 2 x 432,00 € = 864,00 €) und den anteiligen Kosten für Unterkunft und Heizung. Ist danach vom Einkommen noch etwas übrig, erwartet das Jobcenter, dass dieses Mitglied den SGB 2-Leistungsempfänger finanziell unterstützt. Es rechnet die Hälfte des Rest-Einkommens beim SGB 2-Leistungsempfänger als Einkommen an.

BEISPIEL

Der arbeitslose Paul Bode lebt bei seiner Oma, Greta Bode und bezieht SGB 2 Leistungen. Frau Bode bekommt eine monatliche Rente von 1.850,00 € Sie wohnen und leben gemeinsam in einer Dreizimmerwohnung. Die Miete beträgt 460,00 €. Dazu kommen angemessene Heizkosten von 80,00 €.

Einkommen Greta Bode Rente		**1.850,00 €**
Freibetrag Greta Bode: Doppelter Regelbedarf von 432,00 €	864,00 €	
Anteilige Kosten für Unterkunft und Heizung (540,00 € / 2)	270,00 €	
Insgesamt Freibetrag		**1.134,00 €**
Den Freibetrag übersteigendes Einkommen		716,00 €
Davon kann höchstens die Hälfte bei Paul als Einkommen angerechnet werden		358,00 €

Es wird also vermutet, dass Oma Bode Paul jeden Monat mit 358,00 € unterstützt. Dieser Betrag wird bei der Berechnung der SGB 2-Leistungen von Paul Bode als Einkommen eingesetzt.

Wenn die **tatsächliche Unterstützung** durch Oma Bode **anders** aussieht und Paul zwar kostenlos bei der Oma wohnt, aber sonst keinerlei Unterstützung von ihr erhält und er dies nachweisen kann, darf das Jobcenter bei ihm nur die anteiligen Kosten für Unterkunft und Heizung (250,00 €) unberücksichtigt lassen, weil dieser Bedarf bereits durch die Oma gedeckt ist.

Die gesetzliche **Vermutung** des Jobcenters kann also **widerlegt** werden. Dies muss allerdings gut begründet werden, möglichst mit schriftlichen Belegen. Das können die Überweisungsträger sein, aus denen der überwiesene Mietanteil hervorgeht. Das können auch Belege dafür sein, dass der Antragsteller einen eigenständigen Haushalt führt, obwohl er mit den Verwandten zusammenwohnt.

5. Wohngemeinschaft

Wenn Sie mit Freunden oder anderen Menschen in einer Wohnung zusammenwohnen, bilden Sie keine Bedarfsgemeinschaft und auch keine Haushaltsgemeinschaft, sondern eine Wohngemeinschaft. Nur die Miete und die Heizkosten werden gleichmäßig auf alle Bewohner verteilt. Als Antragstellerin werden Sie ansonsten so behandelt, als würden Sie alleine wohnen.

! Wenn Sie nur mit **einer** anderen Person in einer Wohngemeinschaft zusammenwohnen:

Das Jobcenter könnte davon ausgehen, dass Sie in einer Partnerschaft mit dieser Person leben. Nach einem Jahr kann das Jobcenter einen Nachweis verlangen, dass dies nicht der Fall ist. Sie müssen dann nachweisen, dass Sie nicht bereit sind, füreinander einzustehen oder Verantwortung zu tragen.

Kapitel 10: Fördern und Fordern – Pflicht zur Arbeit

Gesetzliche Grundlage: §§ 14 bis 16i SGB 2

1. Jede Arbeit ist grundsätzlich zumutbar

Das Hauptziel des SGB 2 ist es, dass Sie erwerbstätig bleiben oder es wieder werden. Wenn Sie SGB 2-Leistungen beziehen und arbeitslos sind, müssen Sie sich aktiv um Arbeit bemühen und an Eingliederungsmaßnahmen mitwirken.

Anders als beim Arbeitslosengeld 1 ist **jede Arbeit zumutbar**. Nur aus schwerwiegenden Gründen können Sie eine Arbeit ablehnen, ohne Nachteile zu haben:

- wenn durch die Arbeit die Erziehung eines Kindes oder die Pflege eines Angehörigen gefährdet wird
- wenn Sie durch die Arbeit körperlich, geistig oder seelisch überfordert sind
- wenn die neue Arbeit für Sie körperlich so schwer ist, dass es Ihnen in Zukunft wesentlich schwerer fallen würde, Ihre bisher überwiegend wahrgenommene Arbeit auszuüben
- wenn ein anderer wichtiger Grund vorliegt (z. B. Schulbesuch).

Wenn Ihr Kind mindestens 3 Jahre alt ist und regelmäßig in einer Tagesstätte oder in Tagespflege betreut wird, gilt dessen Erziehung in der Regel als nicht gefährdet, wenn Sie arbeiten gehen. Eine Teilzeittätigkeit innerhalb der Betreuungszeiten der Tagesstätte wird als zumutbar angesehen. Die Jobcenter und die Gemeinden sollen sich dafür einsetzen, dass Plätze zur Tagesbetreuung bevorzugt an erwerbsfähige Mütter, Väter und andere Erziehende vergeben werden.

Wer **krank, alt oder gebrechlich** ist, kann eventuell nur eingeschränkt arbeiten. Krankheit muss durch ein Attest nachgewiesen werden. Das Jobcenter kann eine amtsärztliche Untersuchung verlangen, um dies zu überprüfen.

Sie dürfen eine Arbeit nicht ablehnen, nur weil sie **unter Tarif bezahlt** wird oder unter dem ortsüblichen Entgelt liegt. Sie dürfen die Arbeit nur ablehnen, wenn weniger als der Mindestlohn (zurzeit 9,35 €) gezahlt wird oder der Lohn mehr als 30 % unter dem ortsüblichen Lohn liegt. In diesem Fall müssen Sie keine Leistungskürzung befürchten.

Es gibt **keinen Berufsschutz** und **keinen Qualifikationsschutz**. Sie haben also keinen Anspruch auf eine Arbeit, die Ihrem erlernten Beruf und Ihren Kenntnissen entspricht. Schlechtere Arbeitsbedingungen und verlängerte Fahrzeiten zur Arbeit müssen hingenommen werden, in manchen Fällen sogar ein Umzug. Das Jobcenter kann unter Umständen sogar von Ihnen verlangen, eine bestehende Arbeit zu kündigen – zum Beispiel einen Teilzeitjob – um eine besser bezahlte Stelle anzunehmen. Wenn Sie mit so einer Aufforderung nicht einverstanden sind, können Sie dagegen rechtlich vorgehen.

2. Der Ablauf der Arbeitsvermittlung, Eingliederungsvereinbarung

Der Prozess der Arbeitsvermittlung soll in vier Phasen ablaufen:

- Beratung
- Feststellung der beruflichen Fähigkeiten und Eignung und falls vorhanden, auch der Einschränkungen (Profiling)
- Abschluss einer Eingliederungsvereinbarung
- Beginn der Arbeitsuche/ Vermittlung oder Eingliederungsmaßnahme.

In einem **Beratungsgespräch** soll ein Plan entwickelt werden, der auf Sie persönlich zugeschnitten ist.

Dann wird in der Regel eine **Eingliederungsvereinbarung** abgeschlossen, dies ist allerdings in folgenden Situationen nicht notwendig:

- wenn Sie innerhalb von 2 Monaten eine Arbeit aufnehmen werden
- wenn Sie anerkannte Gründe haben, aus denen Sie nicht arbeiten können (Schulbesuch, Kind unter 3 Jahre, Pflege von Angehörigen)
- wenn unklar ist, ob Sie erwerbsfähig sind.

In der **Eingliederungsvereinbarung** werden festgelegt:

- die Eingliederungsleistungen des Jobcenters
- auf welche Tätigkeiten oder Tätigkeitsbereiche die Arbeitsvermittlung sich beziehen soll
- wie Sie sich **selbst um Arbeit bemühen** müssen und wie Sie dies nachweisen

- ob und welche Anträge auf andere Sozialleistungen einbezogen werden.

Ihre Arbeitsuche ist ein wesentlicher Bestandteil der Eingliederungsvereinbarung. Das Jobcenter kann aber nicht pauschal festlegen, wie viele Bewerbungen Sie schreiben müssen. Dabei müssen Ihre Fähigkeiten und Eignung und die Lage am Arbeitsmarkt berücksichtigt werden.

Die Eingliederungsvereinbarung ist ein öffentlich-rechtlicher Vertrag. Das heißt, die BezieherInnen von SGB 2-Leistungen und das Jobcenter müssen sich daranhalten. Die Vereinbarung soll spätestens alle 6 Monate überprüft und fortgeschrieben werden.

Sie müssen die in der Eingliederungsvereinbarung festgelegten Pflichten einhalten. Tun Sie das nicht, wird der SGB 2-Regelbedarf gekürzt (siehe unten Abschnitt 5).

BERATUNG

Sie sollten sich sehr sorgfältig auf den Abschluss der Eingliederungsvereinbarung vorbereiten. Fragen Sie vorher bei Ihrer persönlichen Ansprechpartnerin bzw. Fallmanagerin genau nach, welche Eingliederungsmaßnahmen (siehe unten Abschnitt 4) möglich sind. Besorgen Sie sich Informationen von Bildungsträgern. Überlegen Sie, welche Maßnahmen für Sie sinnvoll sind und reichen Sie Ihre Vorschläge schriftlich ein. Scheuen Sie sich nicht, vor dem Unterschreiben der Vereinbarung um Bedenkzeit zu bitten und lassen Sie sich von unabhängigen Fachleuten beraten (siehe Kapitel 15).

Wenn das Jobcenter Ihre Vorstellungen nicht berücksichtigt, können Sie sich womöglich nicht einigen. In diesem Fall müssen Sie die Eingliederungsvereinbarung nicht unterschreiben. Das Jobcenter kann dann allein die Regelungen und Pflichten festsetzen. Gegen einen solchen Bescheid können Sie rechtlich vorgehen.

TIPP

Wenn das Jobcenter anspruchsvolle Bewerbungsunterlagen von Ihnen verlangt, muss es die Kosten dafür übernehmen. Werden von Ihnen überregionale Bewerbungen gefordert, müssen auch Ihre Reisekosten erstattet werden.

3. Erreichbarkeit, Verfügbarkeit

Sie **müssen erreichbar sein**, damit Sie auf Vermittlungsbemühungen des Jobcenters sofort reagieren können. Sie müssen täglich Ihre Post durchsehen. Nur so können Sie noch am selben Tag das Jobcenter aufsuchen oder mit einem Arbeitgeber (oder Träger einer Eingliederungsmaßnahme) Kontakt aufnehmen.

Für 3 Wochen im Jahr können Sie mit **Zustimmung** des Jobcenters **verreisen**. Die SGB 2-Leistungen werden in dieser Zeit weitergezahlt. Für SchülerInnen und **sozialversicherungspflichtig** Beschäftigte gilt die strenge 3-Wochen-Regelung nicht. Aber auch sie sollten das Jobcenter informieren, wenn sie verreisen.

Für eine ärztlich verordnete Maßnahme zur Rehabilitation oder Vorsorge dürfen Sie in einen anderen Ort fahren. Sie müssen aber auch dies vorher mit dem Jobcenter absprechen.

Sie können außerdem mit Zustimmung des Jobcenters Ihren Wohnort für jeweils bis zu drei Wochen pro Kalenderjahr verlassen,

- um an staatspolitischen, kirchlichen oder gewerkschaftlichen Bildungsveranstaltungen teilzunehmen, oder
- im Zusammenhang mit einer ehrenamtlichen Tätigkeit.

Während der Teilnahme an Bildungsveranstaltungen müssen Sie für Briefpost erreichbar sein. Im Voraus müssen Sie sich verpflichten, gegebenenfalls vorzeitig zurückzukehren, um eine Arbeitsstelle anzutreten.

Nach Ihrer Rückkehr müssen Sie sich in der Regel **persönlich** beim Jobcenter **zurückmelden**.

4. Eingliederungsleistungen

Die Eingliederungsleistungen entsprechen größtenteils den Maßnahmen für BezieherInnen von Arbeitslosengeld 1 (Sozialgesetzbuch 3). Das Jobcenter hat einen Ermessensspielraum, ob und welche Maßnahme es bewilligt. **BezieherInnen von Arbeitslosengeld 1**, die ergänzend SGB 2-Leistungen erhalten, werden von der Arbeitsvermittlung der Arbeitsagentur betreut.

a) Unterstützung bei Bewerbungen und Aufnahme einer Beschäftigung

Das Jobcenter kann auf Antrag die Kosten für Bewerbungen wie Fotos, Bewerbungsmappen, Beglaubigung von Zeugnissen, Porto übernehmen, wenn Sie einen Arbeits- oder Ausbildungsplatz suchen oder von Arbeitslosigkeit bedroht sind. Es kann auch Fahrtkosten zu Bewerbungsgesprächen erstatten, wenn der Arbeitgeber diese nicht übernimmt.

Der **Antrag auf Kostenübernahme** muss immer im Voraus gestellt werden.

Wenn Sie eine Arbeit gefunden haben, kommen weitere Leistungen in Frage:

- Reisekosten zum Antritt einer Beschäftigung/Ausbildung
- Anschaffungskosten für Arbeitsgerät und Arbeitskleidung
- Fahrtkosten für Pendelfahrten vom Wohnort zur Arbeits-/Ausbildungsstelle
- Trennungskosten bei getrennter Haushaltsführung
- Umzugskosten, wenn Sie wegen einer neuen Arbeit oder Ausbildung umziehen.

Das Jobcenter kann entscheiden, wie viele Kosten es Ihnen erstattet. Es kann auch Pauschalen festlegen.

Für alle hier beschriebenen Leistungen gilt: Sie können diese Leistungen auch bei der Arbeitsuche und Arbeitsaufnahme im Europäischen **Ausland** in Anspruch nehmen, wenn Ihre Arbeitszeit mindestens 15 Stunden pro Woche beträgt.

b) Maßnahmen zur Aktivierung und beruflichen Eingliederung

Diese Maßnahmen dienen unterschiedlichen Zwecken, sie sollen:

- Sie an den Ausbildungs- und Arbeitsmarkt heranführen
- mögliche Hindernisse für eine Arbeitsvermittlung feststellen und Maßnahmen aufzeigen, um Ihre Chance auf Vermittlung zu verbessern
- Sie in eine versicherungspflichtige Beschäftigung vermitteln
- Sie an eine selbstständige Tätigkeit heranführen
- Sie stärken, damit Sie die Anfangsphase einer neuen Beschäftigung gut durchstehen.

Möglich sind Einzel- und Gruppenmaßnahmen. Die Dauer ist abhängig vom Inhalt und Zweck. Wird die Maßnahme von einem Arbeitgeber durchgeführt, dauert sie höchstens vier Wochen.

Nach sechs Monaten Arbeitslosigkeit können Sie verlangen, dass das Jobcenter die Kosten für eine solche Maßnahme übernimmt.

c) Nachholen des Hauptschulabschlusses

Für junge Menschen ohne Schulabschluss muss das Jobcenter unter bestimmten Bedingungen einen Vorbereitungskurs und den nachträglichen Erwerb des Hauptschulabschlusses oder eines gleichwertigen Schulabschlusses fördern. Das Jobcenter erbringt diese Leistungen nur, wenn die erfolgreiche Teilnahme zu erwarten ist und niemand sonst die Kosten übernimmt. Außerdem müssen die allgemeinen Voraussetzungen für die Förderung einer beruflichen Weiterbildung vorliegen (siehe Punkt d)).

d) Förderung der beruflichen Weiterbildung

Es wird zwischen zwei Formen der Weiterbildung unterschieden:

- **Fortbildung**: diese soll vorhandenes Wissen und die beruflichen Fähigkeiten erweitern
- **Umschulung**: hier wird ein neuer beruflicher Abschluss erworben.

Eine Weiterbildung wird bezahlt, wenn sie notwendig ist, um

- eine arbeitslose SGB 2-Bezieherin beruflich einzugliedern
- eine drohende Arbeitslosigkeit abzuwenden
- einen Berufsabschluss nachzuholen und

die erfolgreiche Teilnahme zu erwarten ist.

Liegt eine dieser Voraussetzungen für eine Weiterbildung vor, erhalten Sie dafür eine schriftliche Bestätigung, den sogenannten **Bildungsgutschein**. Dieser Gutschein kann auf bestimmte Bildungsmaßnahmen beschränkt sein. Er kann auch regional beschränkt und zeitlich befristet sein. Den Bildungsträger können Sie dann selbst auswählen.

Übernommen werden die Lehrgangskosten, die Fahrtkosten und – falls notwendig – die Kosten für auswärtige Unterbringung und Verpflegung. Für Kinderbetreuung werden 140,00 € pro Kind monatlich übernommen.

e) Lohnkostenzuschüsse an ArbeitgeberInnen

ArbeitgeberInnen können Zuschüsse zu den Lohnkosten erhalten, wenn sie ArbeitnehmerInnen mit Vermittlungshemmnissen einstellen. Es gibt Zuschüsse für schwer vermittelbare, für schwerbehinderte und für ältere Menschen. Die Zuschüsse betragen 50 %, für behinderte Menschen bis 70 % der

Lohnkosten. Sie werden höchstens 12 Monate, für Ältere ab 50 Jahre bis zu 36 Monate und für behinderte Menschen bis zu 60 Monate gezahlt.

Werden Langzeitarbeitslose eingestellt, die aus mehreren Gründen schwer zu vermitteln sind, beträgt der Zuschuss bis zu 75 % der Lohnkosten (einschließlich des Arbeitgeberanteils zur Sozialversicherung). Er wird für höchstens 24 Monate gezahlt.

f) Einstiegsgeld

Das Einstiegsgeld wird bei geringem Einkommen zusätzlich für zunächst 12 Monate gezahlt. Es kann auf 24 Monate verlängert werden. Sowohl beim **Beginn einer abhängigen Beschäftigung** als auch bei Aufnahme einer **selbstständigen Tätigkeit** kann dieses Geld bewilligt werden.

Das Einstiegsgeld wird zusätzlich zu den SGB 2-Leistungen gezahlt. Es kann aber auch bewilligt oder weitergezahlt werden, wenn Sie durch Ihre Erwerbstätigkeit nicht mehr auf Hilfe angewiesen sind.

Die Regelförderung beträgt einen halben Regelbedarf im Monat. Bei längerer vorheriger Arbeitslosigkeit kann die Förderung erhöht werden. Für jedes weitere Mitglied der Bedarfsgemeinschaft kommen 43,20 € dazu. Die Höchstgrenze liegt bei 432,00 €.

g) Förderung für Selbstständige

Selbstständige können Darlehen oder Zuschüsse bekommen, um notwendige Sachausstattungen für die selbstständige Tätigkeit zu beschaffen. Zuschüsse dürfen höchstens 5.000,00 € betragen.

Außerdem kann das Jobcenter Beratung, allgemeine Weiterbildung und Coaching durch Fachkräfte für hauptberuflich Selbstständige fördern, wenn dies für ihre selbstständige Tätigkeit notwendig ist.

h) Arbeitsgelegenheiten wie „1-Euro-Jobs“

Zusatzjobs oder 1-Euro-Jobs heißen offiziell Arbeitsgelegenheiten mit Mehraufwands-Entschädigung. Das Jobcenter kann sie längstens für 24 Monate innerhalb von fünf Jahren fördern, in Einzelfällen noch 12 Monate länger.

Die durchgeführten Arbeiten müssen zusätzlich und von öffentlichem Interesse sein. Sie dürfen keine regulären Arbeitsstellen verdrängen oder ersetzen. Die durchführenden Träger sind meistens gemeinnützige Organisationen.

Es entsteht kein Arbeitsverhältnis. Es werden 1,00 € bis 2,00 € pro Stunde zusätzlich zu den SGB 2-Leistungen gezahlt. Das Geld wird nur für die tatsächlich geleisteten Stunden gezahlt, es gilt als **Aufwandsentschädigung** und nicht als Vergütung.

Bei Krankheit, Urlaub und an Feiertagen gibt es kein Geld. Auch wenn Sie einen 1-Euro-Job haben, müssen Sie weiter nach Arbeit suchen. Die Anforderungen an die Arbeitsuche sollten dann jedoch nicht so streng sein.

i) Förderung nach Wegfall der Hilfebedürftigkeit

Im Einzelfall kann eine bereits laufende Eingliederungsmaßnahme weiter gefördert werden, obwohl das Jobcenter keine SGB 2-Leistungen mehr zahlt – wenn etwa der Partner/die Partnerin eine Arbeitsstelle gefunden hat.

Auch nach dem Beginn einer Erwerbstätigkeit können bestimmte Förderungen (weiter-)bewilligt werden (z. B. Schuldenberatung, Freie Förderung, siehe Punkt k)) – für einen Übergangszeitraum von bis zu 6 Monaten.

j) Förderung „schwer zu erreichender junger Menschen“

Für junge Menschen unter 25 Jahren sind zusätzliche Leistungen zur Betreuung und Unterstützung durch das Jobcenter möglich. Die Angebote sollen durch freie Träger erbracht werden und sie sollen die jungen Menschen anregen, die Regelangebote des Jobcenters zu nutzen.

k) Förderung der Teilhabe am Arbeitsmarkt

Personen, die in den vergangenen sieben Jahren mindestens sechs Jahre lang Leistungen vom Jobcenter erhalten haben und in dieser Zeit nicht sozialversicherungspflichtig beschäftigt waren, können besonders gefördert werden. Arbeitgeber können für ihre Beschäftigung fünf Jahre lang einen Lohnkostenzuschuss erhalten. Er beginnt mit 100 % der Kosten und sinkt auf 70 % ab.

l) Weitere Eingliederungsleistungen

Das Jobcenter kann weitere Leistungen finanzieren oder vermitteln, wenn sie zur Eingliederung notwendig sind:

- Betreuung von minderjährigen oder behinderten Kindern oder häusliche Pflege von Angehörigen

- Schuldenberatung
- Psychosoziale Betreuung
- Suchtberatung
- **Freie Förderung:** Das Jobcenter kann weitere Leistungen erbringen, die es frei gestalten kann, etwa einen Zuschuss, um den Führerschein zu machen.

5. Kürzung oder Streichung von Leistungen (Sanktionen)

Gesetzliche Grundlage: §§31 ff. SGB 2

Bei Pflichtverletzungen werden die SGB 2-Leistungen für 3 Monate gekürzt. Die Kürzung beginnt am Anfang des Folgemonats nach dem Zugang des Sanktionsbescheides.

Die Kürzung beträgt **30% des Regelbedarfs** bei

- Verstoß gegen Pflichten, die in einer Eingliederungsvereinbarung festgelegt wurden,
- Weigerung, eine zumutbare Arbeit, Ausbildung, Arbeitsgelegenheit, Eingliederungsmaßnahme aufzunehmen oder fortzuführen.
- Verminderung des Einkommens oder Vermögens, um SGB 2-Leistungen zu erhalten,
- „Unwirtschaftliches" Verhalten,
- Verhängung einer Sperrzeit bei ALG I durch die Agentur für Arbeit

Die Kürzung beträgt **10% des Regelbedarfs** bei

- Nichterscheinen zu einem Meldetermin oder einer ärztlichen/psychologischen Untersuchung

Wenn es für Ihr Verhalten einen **wichtigen Grund** gibt, darf keine Sanktion verhängt werden. Ein wichtiger Grund kann zum Beispiel eine Erkrankung sein. Informieren Sie das Jobcenter sofort davon.

! Wenn einer Person in einer Bedarfsgemeinschaft Leistungen gekürzt werden, muss der **Einzelanspruch** dieser Person beachtet werden. Die Kürzung darf höchstens in Höhe des Einzelanspruchs erfolgen. Die Sanktion bei einer Person darf nicht zu Leistungskürzungen bei anderen Mitgliedern der Bedarfsgemeinschaft führen (siehe Beispiel in Kapitel 9 Abschnitt 3).

Sanktionen nach dem Urteil des Bundesverfassungsgerichts vom 5.11.2019

Am 5.11.2019 hat das Bundesverfassungsgericht die **Sanktionsregelungen** für den Personenkreis der über 25-jährigen Leistungsbezieher **teilweise aufgehoben**!

Seit der Urteilsverkündung gelten folgende Grundsätze:

- Sanktionen von 30 % sind weiterhin möglich.
- Sanktionen von mehr als 30 % sind unzulässig. Bei einem wiederholten Pflichtverstoß kann eine weitere Sanktion verhängt werden. Sie darf aber nicht zu der schon bestehenden Sanktion hinzugerechnet werden.
- Unklar ist noch, ob eine derartige weitere Sanktion im Anschluss an die bereits verhängte Sanktion erhoben werden darf. Damit würde der Sanktionszeitraum verlängert.
- „Außergewöhnliche Härten" müssen bei allen Sanktionen vermieden werden. Das Jobcenter muss dies im Einzelfall prüfen. Ob eine außergewöhnliche Härte vorliegt, kann nur im Einzelfall entschieden werden. (Beispiele: bereits bestehende Einkommenslücke wegen Eigenanteil an Wohnkosten, Besonderheiten bei dem vorgeworfenen Pflichtverstoß, sonstige besondere Härten etc.)
- Die vom Gesetz vorgegebene starre Dauer von 3 Monaten wurde vom Bundesverfassungsgericht verworfen: Wenn Sie sich nachträglich bereit erklären, Ihre Pflichten zu erfüllen bzw. glaubhaft versichern, dass Sie Ihr zukünftiges Verhalten verändern werden, kann das Jobcenter die Sanktion aufheben. Ab diesem Zeitpunkt darf eine Sanktion jedenfalls nicht mehr länger als einen Monat dauern!
- Das Urteil gilt nicht rückwirkend, sondern erst ab dem Datum der Verkündung am 5.11.2019

Personen unter 25 Jahre

Nicht direkt vom Urteil des Bundesverfassungsgerichts berührt, aber indirekt betroffen sind die strengeren Sanktionen für Personen unter 25 Jahre. Das Gesetz sieht für Personen unter 25 Jahre schon beim 1. Pflichtverstoß die Streichung der kompletten Regelleistung vor. Es ist davon auszugehen, dass das Urteil des Verfassungsgerichts auf Personen unter 25 Jahre übertragbar ist, so dass auch hier die vorgenannten Grundsätze gelten. Wenn Sie als junger Mensch unter 25 Jahre von einer höheren Sanktion betroffen sind, raten wir Ihnen dringend Widerspruch einzulegen!

Zurzeit stellen alle diese Grundsätze nur **Übergangsregelungen** dar, bis der Gesetzgeber tätig wird. Bei einer Gesetzesänderung, für die es voraussichtlich einige Zeit brauchen wird, sind erneut umfangreiche Veränderungen zu erwarten! Der Gesetzgeber muss aber das Urteil beachten!

Kapitel 11: Welche Besonderheiten gibt es für Auszubildende, Studierende und SchülerInnen?

Gesetzliche Grundlagen: §7 Absatz 5 und 6, §27 SGB 2

1. Leistungen zur Ausbildungsförderung haben Vorrang

Für fast alle Ausbildungen gibt es Fördermöglichkeiten nach dem Bundesausbildungsförderungsgesetz (BAföG) oder mit Berufsausbildungsbeihilfe (BAB) nach Sozialgesetzbuch 3. Wenn Sie BAföG oder BAB bekommen oder bekommen könnten, haben Sie keinen Anspruch auf SGB 2-Leistungen. Entscheidend ist, dass die Zahlung von BAföG oder BAB von der **Art der Ausbildung** her möglich wäre.

Auch wenn jemand aus persönlichen Gründen diese vorrangigen Leistungen nicht oder nicht mehr erhält (Überschreitung der Förderungshöchstdauer, zu hohes Einkommen der Eltern, Zweitstudium usw.), ändert dies nichts daran. Wenn von der Art der Ausbildung her Anspruch auf Ausbildungsförderung besteht, sind SGB 2-Leistungen ausgeschlossen oder eingeschränkt. Wer hingegen Leistungen nach dem Aufstiegsfortbildungsförderungsgesetz (Meister-BAföG) erhalten kann, kann gleichzeitig Anspruch auf SGB 2-Leistungen haben.

Es gibt aber Ausnahmen von dieser Vorrangs-Regel. Sie werden nachfolgend dargestellt.

2. In welchen Fällen besteht trotz Ausbildung ein Anspruch auf SGB 2-Leistungen?

Ein Anspruch besteht, wenn die finanzielle Notlage nichts mit der Ausbildung zu tun hat, zum Beispiel bei Krankheit, Schwangerschaft oder Behinderung. Der erhöhte Bedarf bei **Schwangerschaft**, **Alleinerziehen**, **teurer Ernährung bei Krankheit** usw. liegt unabhängig von der Ausbildung vor. Deshalb besteht trotz Ausbildung oder Studium ein Anspruch auf die Mehrbedarfszuschläge nach dem SGB 2 (siehe Kapitel 3 Abschnitt 2), aber nicht für unabweisbare Bedarfe sowie für die Bereitung von Warmwasser (Kapitel 3 Abschnitte 2 f) und g)). BAföG-Leistungen oder anderes Einkommen bis zum BAföG-Höchstsatz sind auf diese Sonderbedarfe nicht anzurechnen.

Einen Anspruch auf SGB 2-Leistungen kann es außerdem in folgenden Fällen geben:

- Für **Angehörige des Auszubildenden**. Ihnen wird das Arbeitslosengeld 2 und das Sozialgeld ganz normal gezahlt. Eine alleinerziehende Auszubildende kann also für ihr Kind ganz normal Sozialgeld beziehen.
- Während einer beruflichen Ausbildung im dualen System. Die Ausbildungsvergütung und Leistungen nach dem Sozialgesetzbuch 3 werden dann als Einkommen angerechnet.
- Für SchülerInnen, die kein Schüler-BAföG erhalten (weil sie die Voraussetzungen dafür nicht erfüllen).
- Für Auszubildende und Studierende, die noch bei den Eltern leben oder leben könnten. Sie haben dann einen Anspruch auf SGB 2-Leistungen, wenn sie tatsächlich Ausbildungsförderung erhalten oder wenn sie wegen der Anrechnung von Einkommen und Vermögen der Eltern keine Ausbildungsförderung erhalten oder wenn über ihren Antrag auf Ausbildungsförderung noch nicht entschieden worden ist.
- Für Studierende in einem Teilzeitstudium oder einem Promotionsstudiengang.
- Während eines Urlaubssemesters, da dann keine Ausbildung stattfindet.
- Für Auszubildende an Abendhaupt- oder -realschulen mit Ausnahme des letzten Schuljahres.
- Für Auszubildende an einem Abendgymnasium mit Ausnahme der letzten drei Schulhalbjahre.
- Für Auszubildende an Abendschulen, die älter als 30 Jahre sind.
- Für BerufsfachschülerInnen oder FachschülerInnen ohne abgeschlossene Ausbildung, die als SchülerIn nur den niedrigsten BAföG Satz von 231,00 € beziehungsweise 247,00 € erhalten.

Laufende oder nachgezahlte BAföG-Leistungen werden als Einkommen angerechnet.

Wenn Sie einer **Ausbildung** nachgehen, die **nicht nach BAföG oder Sozialgesetzbuch 3 förderungsfähig** ist, haben Sie grundsätzlich einen Anspruch auf SGB 2-Leistungen. In diesem Fall kann allerdings ein anderes Problem auftreten. Das Jobcenter muss erkennen können, dass die Ausbildung einen „sinnvollen Einsatz" Ihrer Arbeitskraft darstellt. Wenn das Jobcenter dies nicht erkennt, wird es Sie auf die Verpflichtung zur Selbsthilfe hinweisen. Das heißt, es fordert Sie auf, sich durch eine Arbeit Ihren Lebensunterhalt zu sichern. Es kann die Zahlung von SGB 2-Leistungen verweigern und Sie auffordern, die Ausbildung abzubrechen oder nicht anzutreten.

Den **SchülerInnen des 1. Bildungsweges** ist noch keine Erwerbstätigkeit zuzumuten. Sie können nicht zur Arbeit verpflichtet werden.

Eine **Umschulung** ist keine Ausbildung. Wer sich in einer Umschulung befindet, hat Anspruch auf SGB 2-Leistungen (siehe Kapitel 10 Abschnitt 4).

Weitergehende Hinweise finden Sie unter www.deutscher-verein.de → Stellungnahmen → 2017 → Arbeitshilfe des Deutschen Vereins zur Existenzsicherung von Auszubildenden im SGB II.

3. Leistungen als Darlehen oder Zuschuss in besonderen Härtefällen

Ausnahmsweise können während einer Ausbildung SGB 2-Leistungen bewilligt werden, allerdings nur **als Darlehen**. Dafür muss ein **besonderer** Härtefall vorliegen und zuerst müssen alle möglichen Härtefallregelungen nach anderen vorrangigen Gesetzen ausgeschöpft werden (z. B. nach dem BAföG).

Die allgemeine Härte (= wenn die Ausbildung abgebrochen wird, weil das Geld nicht für den Lebensunterhalt reicht) ist zu wenig, um SGB 2-Leistungen zu erhalten. Diese Härte wird vom Gesetzgeber in Kauf genommen.

Bei der Beurteilung der Härte gilt das allgemeine Prinzip: je weiter Sie in Ihrer Ausbildung schon sind, desto härter ist es, die Ausbildung abzubrechen. Aus diesem Grund können zum Beispiel Studierende im Examenssemester SGB 2-Leistungen erhalten – unabhängig von den Ursachen der Notlage.

Wenn ohne Zahlung von SGB 2-Leistungen der Abbruch der Ausbildung droht, diese aber für eine erfolgreiche Eingliederung ins Arbeitsleben zwingend erforderlich ist, muss die SGB 2-Leistung **als Zuschuss** gezahlt werden.

Bevor Sie Ihr Studium endgültig abbrechen, sollten Sie ein Urlaubssemester nehmen. In dieser Zeit können Sie Ihre berufliche Perspektive klären.

TIPP

Wer BAföG oder Berufsausbildungsbeihilfe bekommt, hat grundsätzlich keinen Anspruch auf Wohngeld. Sie können dennoch Wohngeld erhalten, wenn Sie in einem gemeinsamen Haushalt mit anderen Personen leben, die keine Auszubildenden oder Studierenden sind (z. B. Kinder).

4. Kinderbetreuungszuschlag im BAföG

Laufende oder nachgezahlte Leistungen der Ausbildungsförderung werden als Einkommen auf SGB 2-Leistungen angerechnet. Dies gilt nicht für den Kinderbetreuungszuschlag im BAföG in Höhe von 140,00 € beziehungsweise 150,00 € monatlich für jedes Kind. Er wird nicht als Einkommen angerechnet.

Kapitel 12: Besonderheiten für BürgerInnen aus anderen Ländern

Gesetzliche Grundlagen: §7 Absatz 1, §36 Absatz 2, §65 Absatz 1 SGB 2

SGB 2-Leistungen

- sind unabhängig von der deutschen Staatsbürgerschaft
- können nur beantragt werden, wenn der **Lebensmittelpunkt in Deutschland** ist.

Ob AusländerInnen nach Deutschland einreisen und hier wohnen dürfen, wird durch das Aufenthaltsrecht geregelt. Die Regelungen für BürgerInnen aus den EU-Staaten und für BürgerInnen aus Nicht-EU-Staaten sind sehr verschieden.

Für den Anspruch auf SGB 2-Leistungen ist diese Unterscheidung nicht wichtig. Wesentlich ist, dass der Aufenthalt in Deutschland **legal** ist.

Es ist auch nicht wichtig, ob Sie eine Arbeitserlaubnis haben. Es reicht, wenn Sie eine Arbeitserlaubnis bekommen könnten.

1. Leistungsausschlüsse

In vielen Fällen erhalten AusländerInnen **keine Leistungen des SGB 2**:

1. während der ersten drei Monate in Deutschland (Ausnahme: wenn sie hier als Arbeitnehmer oder Selbstständige tätig sind),
2. wenn sie zur Arbeitsuche hier sind und nur deshalb ein Aufenthaltsrecht haben,
3. wenn sie nach § 1 des Asylbewerberleistungsgesetzes leistungsberechtigt sind,
4. wenn sie kein Aufenthaltsrecht (mehr) haben.

Während der ersten drei Monate des Aufenthalts in Deutschland werden keine SGB 2-Leistungen bezahlt. **Ausnahme**: ArbeitnehmerInnen und Selbstständige, die mit ihrer Arbeit nicht genug verdienen, um den Lebensunterhalt für sich und ihre Bedarfsgemeinschaft zu sichern. Sie haben Anspruch auf ergänzende SGB 2-Leistungen.

STRITTIG

Nach dem Gesetz haben AusländerInnen keinen Anspruch auf SGB 2-Leistungen – auch länger als drei Monate –, wenn sie ausschließlich zur Arbeitsuche in Deutschland sind. Für Bürger aus Belgien, Dänemark, Estland, Frankreich, Griechenland, Großbritannien, Irland, Island, Italien, Luxemburg, Malta, Niederlande, Norwegen, Portugal, Schweden, Spanien und Türkei hat das Bundessozialgericht entschieden, dass sie nach dem Europäischen Fürsorgeabkommen Anspruch auf SGB 2-Leistungen haben. Die Bundesregierung hat gegen dieses Urteil einen Vorbehalt angemeldet. Der hat für einige Gerichte aber keine Bedeutung.

Nach dem Gesetz können AusländerInnen ohne Aufenthaltsrecht, die keine SGB 2-Leistungen erhalten, Sozialhilfe beim Sozialamt nach dem Sozialgesetzbuch 12 bekommen. Diese werden aber nur für höchstens einen Monat gewährt, um die Ausreise organisieren zu können. Die Leistungen sind auch sehr eingeschränkt. Manche Gerichte erkennen diese Einschränkungen nicht an.

Beratung:

Suchen Sie eine Beratungsstelle für Migrantinnen und Migranten (siehe Kapitel 15) auf, wenn das Jobcenter Ihnen nach der Einreise nach Deutschland Leistungen aus dem SGB 2 verweigert.

Eine gute Übersicht über verschiedene Fallkonstellationen finden Sie in den fachlichen Weisungen der Bundesagentur für Arbeit. www.arbeitsagentur.de → in der Suchmaske „Weisungen" eingeben → Weisungen nach Rechtsnormen → Gesetzbuch: SGB II für Arbeitsuchende → §7 Berechtigte.

2. Leistungsansprüche

AusländerInnen haben Anspruch auf SGB 2-Leistungen, wenn sie in Deutschland schon rechtmäßig beschäftigt sind oder waren. Diesen Anspruch haben auch Familienangehörige, die im Rahmen eines legalen Familiennachzuges eingereist sind.

BürgerInnen aus anderen Ländern müssen an Deutschkursen teilnehmen, wenn sie SGB 2-Leistungen erhalten. Das kann das Jobcenter in die Eingliederungsvereinbarung schreiben oder per Bescheid durchsetzen.

Asylberechtigte haben Anspruch auf SGB 2-Leistungen. **AsylbewerberInnen mit einer Aufenthaltsgenehmigung** von mehr als sechs Monaten fallen nicht unter das Asylbewerberleistungsgesetz. Sie haben also Anspruch auf SGB 2-Leistungen.

Ausländer mit einer **Aufenthaltserlaubnis aus humanitären Gründen** haben Anspruch auf SGB 2-Leistungen bereits ab Beginn ihres Aufenthalts.

Auch **Familienangehörige von Deutschen** haben ab Beginn ihres Aufenthalts Anspruch auf SGB 2-Leistungen.

3. Leistungseinschränkungen

Nach dem Integrationsgesetz können Asylsuchende und Asylberechtigte einem **anderen Wohnort** zugewiesen werden. Immer ist das Jobcenter im neuen Wohnort zuständig. Vom neuen Wohnort hängt auch ab, wie hoch die angemessenen Unterkunftskosten sind. Die betroffenen Personen müssen sich nicht an diesem Ort aufhalten. Wenn Sie aber einer Einladung ins Jobcenter nicht rechtzeitig folgen können, kann das Jobcenter Ihre Leistungen kürzen (Sanktion).

Wenn Sie als AusländerIn einen **Reisepass** brauchen, kann das für Sie sehr teuer werden. Kosten für den Pass und für die Reise zur Botschaft oder zum Konsulat sind im Regelbedarf nicht enthalten. Sie können beim **Sozialamt** einen Antrag auf Kostenerstattung stellen.

Beratung:

Im Einzelfall können sich schwierige Fragen ergeben. Oft ist nicht klar, zu welchem Rechtsgebiet sie gehören – zum Aufenthaltsrecht oder einem anderen. Es ist dann sinnvoll, sich beraten zu lassen. Entweder durch einen Rechtsanwalt oder eine Rechtsanwältin mit Erfahrung im Ausländerrecht oder bei einer Organisation der Migrantenselbsthilfe.

Sie können sich auch im Internet informieren, etwa bei der „Gemeinnützigen Gesellschaft zur Unterstützung Asylsuchender“ – www.ggua.de.

Ein harter Brexit kann die Situation britischer Staatsbürger verändern. Diese sollten die Entwicklung deshalb aufmerksam verfolgen.

Kapitel 13: Was kann ich unternehmen, wenn ich mit einer Entscheidung nicht einverstanden bin?

Wenn Sie mit Ihrem Bescheid nicht einverstanden sind, können Sie Widerspruch einlegen. Zuständig ist das Jobcenter. Wo Sie den **Widerspruch** hinschicken müssen, steht in der Rechtsbehelfsbelehrung am Ende des Bescheides.

Ihr Widerspruch muss **innerhalb eines Monats** beim Jobcenter **eingegangen sein**. Die Frist beginnt mit dem Tag, an dem der Bescheid in Ihrem Briefkasten angekommen ist. Fehlt die Rechtsbehelfsbelehrung, ist sie unvollständig oder falsch, beträgt die Frist ein Jahr.

Das Datum im Bescheid ist nicht immer dasselbe Datum, an dem der Brief tatsächlich weggeschickt worden ist. Heben Sie deshalb auch den Umschlag auf. Mit dem Datum auf dem Briefumschlag können Sie nachweisen, wann der Brief bei Ihnen eingegangen ist, zum Beispiel wenn es mit der Widerspruchsfrist knapp ist.

Sie können den Widerspruch zunächst ohne **Begründung** einlegen. Eine schriftliche Begründung sollten Sie aber nachreichen. Machen Sie darin deutlich, was Sie in dem Bescheid falsch finden.

! Wenn Sie einen Bescheid für einen anderen Bewilligungszeitraum bekommen, der denselben Fehler enthält wie der frühere, müssen Sie auch gegen diesen Bescheid Widerspruch einlegen. Dieser Bescheid wird in dem bereits laufenden Widerspruchsverfahren nicht automatisch mit behandelt.

In einer Bedarfsgemeinschaft wirkt sich ein Berechnungsfehler im Bescheid auf jeden einzelnen aus. Deshalb muss jedes Mitglied der Bedarfsgemeinschaft Widerspruch einlegen, auch wenn die Leistung als Gesamtsumme ausgezahlt wird. Die übrigen Mitglieder können einem Mitglied der Bedarfsgemeinschaft eine Vollmacht geben. In dem Widerspruch muss deutlich stehen, dass er auch im Namen der übrigen Mitglieder eingelegt wird.

Das **Widerspruchsverfahren ist kostenlos**. Kosten für einen Anwalt oder eine Anwältin bekommen Sie nur erstattet, wenn Ihr Widerspruch Erfolg hatte **und** es um besonders schwierige Fragen ging.

Wenn die **Widerspruchsfrist schon abgelaufen** ist und Sie erst später einen Fehler entdecken:

TIPP

Stellen Sie einen Überprüfungsantrag. Das Jobcenter muss den Bescheid berichtigen, wenn Sie nicht richtig behandelt wurden. Das gilt aber nur, wenn der Fehler im Bescheid nicht durch falsche Angaben von Ihnen entstanden ist. Wenn Sie Erfolg haben, werden Leistungen für ein Jahr nachgezahlt.

Wenn Sie auch den Widerspruchsbescheid für fehlerhaft halten, können Sie **vor dem Sozialgericht klagen**. Für eine solche Klage gelten die gleichen Regeln wie für den Widerspruch. Auch hier ist wichtig, dass bei einem Fehler jedes Mitglied der Bedarfsgemeinschaft klagen muss. In der Rechtsbehelfsbelehrung steht, welches Sozialgericht zuständig ist.

Gerichtskosten entstehen nicht. Sie müssen keinen Anwalt nehmen. Sie können die Klage selbst schriftlich einreichen. Oder Sie gehen zur Rechtsantragstelle des Sozialgerichts und geben sie zu Protokoll. Das bedeutet, Sie lassen Ihr Anliegen dort aufschreiben.

Anwaltskosten werden nur erstattet, wenn Sie den Prozess vor dem Sozialgericht gewonnen haben. Wenn Sie einen Anwalt oder eine Anwältin nehmen wollen, können Sie beim Sozialgericht **Prozesskostenhilfe** beantragen. Mit Prozesskostenhilfe werden Ihre Anwaltskosten auch erstattet, wenn Sie die Klage verlieren. Die Prozesskostenhilfe muss bewilligt werden,

- wenn Sie kein Geld für einen Anwalt oder eine Anwältin haben
- **und** wenn Sie Aussicht haben, Ihre Klage zu gewinnen.

Wenn Sie vor dem Sozialgericht nicht Recht bekommen, können Sie **Berufung an das Landessozialgericht** einlegen. Das geht allerdings nur, wenn eindeutig im Urteil des Sozialgerichtes steht, dass eine Berufung möglich ist. Wenn eine Berufung nicht möglich ist, können Sie eine Nichtzulassungsbeschwerde an das Landessozialgericht schreiben. Diese Beschwerde muss innerhalb eines Monats beim Landessozialgericht eingehen. Die Frist beginnt mit dem Tag, an dem das Urteil des Sozialgerichtes in Ihrem Briefkasten angekommen ist.

Grundsätzlich können Sie sich auch gegen ein Urteil des Landessozialgerichtes wehren. Sie können **Revision an das Bundessozialgericht** einlegen. Dafür müssen Sie sich vertreten lassen: durch einen Anwalt oder eine Anwältin oder eine zugelassene Organisation.

Diese Verfahren (Widerspruch, Klage, Berufung, Revision) dauern recht lange. Wenn eine **Notlage** droht, können Sie sich direkt an das Sozialgericht wenden (z. B. wenn Sie zahlungsunfähig werden oder Ihre Wohnung verlieren). In dieser Situation muss vorher kein Widerspruchsverfahren durchgeführt werden. Sie können beim Sozialgericht eine **einstweilige Anordnung** beantragen, damit Ihr Problem vorläufig geregelt wird. Sie sollten dann aber auch das reguläre Klageverfahren (z. B. Widerspruch) einleiten.

Es kann sich auch lohnen, im Internet nach ähnlichen Fällen zu suchen. Hier sind viele **Entscheidungen** der Sozialgerichte zu finden:

www.bundessozialgericht.de
www.sozialgerichtsbarkeit.de
www.bsg.bund.de

Kapitel 14: Rückforderung von Leistungen

Gesetzliche Grundlage: §§34 bis 34c SGB 2

1. Rückforderung von laufenden Leistungen

Ihr bisheriges Einkommen ist die Grundlage für die SGB 2-Leistungen. Deshalb müssen Sie das Jobcenter sofort informieren, wenn sich Ihr Einkommen erhöht. Das Jobcenter berechnet Ihre Leistungen dann neu. Es hat dafür höchstens **ein Jahr** Zeit. Diese Frist beginnt, wenn das Jobcenter von der Änderung erfahren hat. Das Jobcenter kann zu viel gezahlte Leistungen zurückfordern.

Auch andere Änderungen, wie zum Beispiel eine Rückerstattung aus einer Heizkostenabrechnung oder den Einzug oder Auszug einer Person müssen Sie dem Jobcenter mitteilen, weil diese Änderungen den Bedarf der Gemeinschaft und die Verteilung der Kosten betreffen.

Wenn Sie im Antrag unrichtige oder unvollständige Angaben machen, bekommen Sie die SGB 2-Leistungen von Anfang an ganz oder teilweise zu Unrecht. Das Jobcenter macht dann ebenfalls eine Neuberechnung und fordert die zu viel gezahlten Leistungen zurück.

! Wenn Sie eine Erhöhung Ihres Einkommens oder andere Veränderungen nicht mitteilen oder falsche Angaben gemacht haben, kann das Jobcenter noch bis zu 10 Jahre später von Ihnen Geld zurückfordern.

Anders ist es, wenn Sie zu viel Geld bekommen haben, weil das Jobcenter sich verrechnet hat. Das Jobcenter kann zu viel gezahlte Leistungen für frühere Monate in der Regel nicht zurückfordern, wenn

- Sie alle Angaben korrekt gemacht haben und
- Sie den Rechenfehler nicht bemerkt haben und
- Sie den Fehler auch nicht einfach erkennen konnten. Bei vorläufig bewilligten Leistungen gilt dies jedoch nicht (siehe unten).

Beratung

In manchen Fällen fordert das Jobcenter trotzdem Leistungen zurück, obwohl der Fehler nicht zu erkennen war. In solchen Fällen lohnt es sich Widerspruch einzulegen. Lassen Sie sich beraten.

2. Rückforderung von Darlehen

Wenn Sie Leistungen von vornherein als Darlehen erhalten haben, fordert das Jobcenter dieses Geld später von Ihnen zurück. Dabei spielt es eine Rolle, weshalb Sie ein Darlehen bekommen haben. Rückforderungen aus Darlehen können mit Ihrer laufenden SGB 2-Leistung verrechnet werden: Vom Regelbedarf werden bis zu 10 % monatlich abgezogen.

Bei Studierenden kann ein Darlehen nicht mit laufenden Leistungen aufgerechnet werden, wenn das Jobcenter die SGB 2-Leistungen wegen eines „Besonderen Härtefalls“ bewilligt hat. Solch ein „Härtefall-Darlehen“ muss erst nach Ende der Ausbildung zurückgezahlt werden, aber nur, soweit es finanziell zumutbar ist.

Ein Darlehen kann es auch geben, wenn nicht geschütztes Vermögen (siehe Kapitel 8) vorhanden ist, aber die sofortige Verwertung nicht möglich ist. In diesem Fall müssen Sie das Darlehen erst zurückzahlen, wenn das Vermögen verwertet werden kann.

! Hat das Jobcenter ein Darlehen für eine Mietkaution bewilligt, verlangt das Jobcenter eine sofortige ratenweise Rückzahlung von Ihren SGB II-Leistungen in Höhe von 10 % des Regelbedarfs monatlich. Sie müssen auf jeden Fall das Darlehen für eine Mietkaution in einem Betrag an das Jobcenter zurückzahlen, sobald der Vermieter Ihnen die Kaution zurückgezahlt hat.

3. Kostenersatz

Das Jobcenter kann von Ihnen **Kostenersatz** für die SGB 2-Leistungen fordern, wenn Sie oder ihre Angehörigen hilfebedürftig geworden sind, etwa

- weil Sie Vermögen verschwendet haben (vorsätzliches oder grob fahrlässiges sozialwidriges Verhalten) oder
- wenn Sie selbst gekündigt oder eine geeignete Arbeit nicht angenommen haben (vorsätzlich oder grob fahrlässig die finanzielle Hilfebedürftigkeit erhöhen, aufrechterhalten oder nicht verringern).

Das Jobcenter kann auch **von anderen Personen** Leistungen zurückfordern, zum Beispiel von Unterhaltspflichtigen. Das Jobcenter kann allerdings Leistungen für ein Kind nicht von den Eltern zurückfordern, wenn das Kind älter als 24 Jahre alt ist oder vor dem 24. Geburtstag schon eine Ausbildung abgeschlossen hat.

4. Wie läuft eine Rückforderung ab?

Zunächst informiert das Jobcenter Sie in einem Brief über die geplante Rückforderung. Wenn Sie die Berechnung nicht verstehen, können Sie eine Berechnung anfordern, die einfacher zu verstehen ist. Das ist wichtig, damit Sie sich sinnvoll dazu äußern können – in der Regel schriftlich. Im Brief steht auch, wie lange Sie für diese „Anhörung" Gelegenheit haben. Wenn Sie sich nicht äußern, entscheidet das Jobcenter nach Aktenlage. Anschließend erhalten Sie einen **Aufhebungs- und Erstattungsbescheid.**

Wenn Sie mit der Rückforderung nicht einverstanden sind, müssen Sie gegen diesen Bescheid Widerspruch einlegen. Das Jobcenter muss die Rückforderung anteilig gegen jedes einzelne Mitglied der Bedarfsgemeinschaft erheben (siehe Kapitel 9, Beispiel in Abschnitt 3). Deshalb müssen alle Personen Widerspruch einlegen, die von der Rückforderung betroffen sind.

TIPP

Wenn das Jobcenter von Ihnen die kompletten SGB 2-Leistungen zurückfordert, können Sie ausnahmsweise rückwirkend für den Rückforderungszeitraum Wohngeld und – wenn Sie Kinder haben – Kinderzuschlag beantragen.

5. Rückforderung bei vorläufiger Bewilligung

Gesetzliche Grundlage : §41a SGB 2, §50 SGB 10

Das Jobcenter hat das Recht und in bestimmten Fällen die Pflicht, SGB 2-Leistungen nur vorläufig zu bewilligen, wenn der endgültige Anspruch nicht zeitnah festgestellt werden kann. Dies ist zum Beispiel der Fall, wenn Ihr Einkommen jeden Monat verschieden hoch ist (grundsätzlich bei Einkommen aus Selbstständigkeit, bei wechselnden Arbeitszeiten, Bezug von Krankengeld). Auch andere Gründe sind möglich wie zum Beispiel Unklarheiten über die Höhe der Miete oder ähnliches. Das Jobcenter muss die vorläufige Bewilligung begründen. Wenn schwankendes Einkommen der Grund für die vorläufige Bewilligung ist, kann das Jobcenter ein durchschnittliches Einkommen berechnen. Dieses durchschnittliche Einkommen muss sich an dem Einkommen orientieren, das Sie zuletzt tatsächlich hatten. Auf keinen Fall darf es passieren, dass Sie weniger als das Existenzminimum zur Verfügung haben. Bei vorläufiger Bewilligung ist der Bewilligungszeitraum auf sechs Monate begrenzt. Wenn sich innerhalb dieses Zeitraumes unerwartete Veränderungen ergeben, etwa erheblich höheres oder niedrigeres Einkommen, sollten Sie unbedingt das Jobcenter zeitnah informieren!

Nach Ablauf des Bewilligungszeitraums sind Sie verpflichtet, die vom Jobcenter benötigten Informationen einzureichen. Nur so kann es den endgültigen Leistungsanspruch für den Zeitraum feststellen. Sie müssen die notwendigen Unterlagen unbedingt vorlegen, weil sonst das Jobcenter einen Anspruch auf Leistungen für diesen Zeitraum komplett ablehnen und gewährte Leistungen vollständig zurückfordern kann!

Wenn Sie höhere Leistungen erhalten haben, als Ihnen zustanden, wird das Jobcenter die zu viel gezahlten Leistungen zurückfordern. Wenn Sie zu wenig erhalten haben, bekommen Sie eine Nachzahlung. Wenn es Monate mit zu hohen und andere Monate mit zu geringen Leistungen gab, kann das Jobcenter die Rückforderungen mit den Nachzahlungen verrechnen.

Wenn Sie eine Rückforderung nicht verstehen, müssen Sie und alle volljährigen Personen Ihrer Bedarfsgemeinschaft Widerspruch einlegen (siehe Kapitel 13). Die genauen Vorschriften bei vorläufiger Bewilligung sind sehr kompliziert. Lassen Sie sich beraten, vor allem, wenn Ihr Einkommen sehr stark schwankt!

6. Kann das Jobcenter Rückforderungen mit den laufenden SGB 2-Leistungen verrechnen?

Ja, Rückforderungen können mit den laufenden Leistungen verrechnet werden: Vom Regelbedarf werden dann bis zu 10 % monatlich abgezogen. Bei Alleinstehenden sind das 43,20 € monatlich im Jahr. Die Verrechnung darf erst beginnen, wenn die Rückforderung rechtskräftig ist. Das heißt, ein etwaiger Widerspruch oder eine Klage von Ihnen muss zuvor bearbeitet werden. Manchmal geschieht es, dass das Jobcenter auch bei den Leistungen von Kindern eine Verrechnung vornimmt. Dies ist in der Regel nicht zulässig und dagegen sollten Sie sich wehren.

Wenn das Jobcenter mehrere rechtskräftige Forderungen gegen Sie geltend macht, ist es möglich, dass gleichzeitig mehrere Aufrechnungen durchgeführt werden (bis zu 30 % des Regelbedarfs). Wenn Sie in einer solchen Lage sind, lassen Sie sich auf jeden Fall beraten

Bei Rückforderungen wegen falscher oder unvollständiger Angaben oder weil Sie Geld verschwendet haben, kann das Jobcenter 30 % des Regelbedarfs monatlich von Ihren Leistungen abziehen.

Das Jobcenter kann Rückforderungen für höchstens drei Jahre mit den laufenden Leistungen verrechnen. Dies bedeutet jedoch nicht, dass die Rückzahlung dann insgesamt erledigt ist.

Wenn Sie aus dem Leistungsbezug ausscheiden, wird das Jobcenter sich wegen noch offener Restbeträge bei Ihnen melden.

Kapitel 15: An wen kann ich mich wenden, wenn ich Hilfe brauche?

Für alle Fragen zu SGB 2-Leistungen sind die Jobcenter zuständig. Sie müssen Sie über Ihre Rechte und Pflichten aufklären und beraten. Das ist ihre Pflicht.

Welches **Jobcenter** für Sie **zuständig** ist, erfahren Sie

- bei der Agentur für Arbeit,
- beim Sozialamt,
- in der Gemeindeverwaltung oder
- im Internet unter www.arbeitsagentur.de → auf der Startseite ganz unten → Dienststellen vor Ort.

Leider haben die MitarbeiterInnen in den Jobcentern und anderen Behörden oft zu wenig Zeit für eine gute Beratung. Viele wissen auch zu wenig. Deshalb gibt es in vielen Orten Beratungsstellen. Zum Beispiel bei den Wohlfahrtsorganisationen, manchmal auch bei Gewerkschaften. Sehen Sie in der Zeitung oder im Internet nach, welche Beratungsstellen es in Ihrem Wohnort gibt. Diese Verbände haben Beratungsstellen für arbeitslose Menschen:

- Der Paritätische www.paritaet.org
- Arbeitslosenverband www.arbeitslosenverband.org
- Gewerkschaftsnah www.erwerbslos.de
- Arbeiterwohlfahrt www.awo.org
- Deutscher Caritasverband www.caritas.de
- Deutsches Rotes Kreuz www.drk.de
- Diakonisches Werk www.diakonie.de
- Für Migranten www.ggua.de

Auf den folgenden Internet-Seiten können Sie sich selbst weiter informieren:

Eine Fülle von aktuellen Informationen, Diskussionsbeiträgen und Erfahrungen rund um SGB 2-Leistungen bietet der Verein **Tacheles e.V.**: www.tacheles-sozialhilfe.de

Urteile der Sozialgerichte finden Sie unter www.bundessozialgericht.de → Entscheidungen, und www.sozialgerichtsbarkeit.de → Entscheidungen

Zum Nachlesen gibt es viele **weiterführende Ratgeber**. Viele sind aber eher für Beraterinnen oder Berater geeignet. Bevor Sie ein solches Buch kaufen, sehen Sie nach, ob es aktuell ist und ob Ihre Fragen dort behandelt werden.

Aktuelle Gesetzestexte finden Sie im Internet unter www.gesetze-im-internet.de oder auch als Buch, zum Beispiel SGB II: Grundsicherung für Arbeitsuchende / SGB XII: Sozialhilfe (2019), Beck-Texte im dtv, 15,90 €. Achten Sie immer darauf, dass der Text aktuell ist. Gerade Sozialgesetze werden sehr häufig geändert.

Zu empfehlen ist auch die Website der **Bundesagentur für Arbeit**: www.arbeitsagentur.de. Hier steht viel zu den Anträgen, es gibt die Antragsformulare und Hilfen zum Ausfüllen dieser Formulare: Merkblätter und Formulare → Arbeitslos und Arbeit finden Arbeitslosengeld II. Besonders interessant sind die **internen Fachlichen Weisungen SGB II**: Suchmaske „Weisungen" eingeben → Weisungen nach Rechtsnormen → SGB II Grundsicherung für Arbeitsuchende. Hier erfahren Sie viel über die Sichtweise der Jobcenter. Das kann Ihnen helfen, gute Argumente bei bestimmten Problemen zu finden. Gesetzestexte und Verordnungen zum SGB 2 finden Sie hier: www.gesetze-im-internet.de → Gesetze/Verordnungen → alphabethisch sortiert SGB 2.

Mithilfe von Rechenprogrammen im Internet können Sie Ihre SGB 2-Ansprüche selbst ausrechnen, allerdings mit Einschränkungen. Zum Beispiel können Sie dort nicht ablesen, ob Ihre Unterkunftskosten angemessen sind. Sie finden auch keine Hinweise zu Freibeträgen bei Einkommen und Vermögen. Diese Programme bieten also nur eine grobe Orientierung.

Musterbescheid

Bedarfsgemeinschaft 73514//0000002

Musterbescheid zum Arbeitslosengeld II

Persönliche Vorsprachen:
Richard-Wagner-Platz 5, 90443 Nürnberg

2

Jobcenter Nürnberg-Stadt, Richard-Wagner-Platz 5, 90443 Nürnberg

Mein Zeichen: 12345
BG-Nummer:73514//0000002
(Bei jeder Antwort bitte angeben)

Herrn
Hans Müller
Clarsbacher Straße 67
904319 Nürnberg

Telefon: 9114007100
Telefax:
E-Mail:
Datum: 14.10.2019

Bewilligung von Leistungen zur Sicherung des Lebensunterhalts

Sehr geehrter Herr Müller,

auf Ihren Antrag vom **15.08.2019** bewillige ich Ihnen und den mit Ihnen in einer Bedarfsgemeinschaft lebenden Personen für die Zeit vom 01.09.2019 bis 31.08.2020 folgende Leistungen:

Monatlicher Gesamtbetrag für September 2019 bis August 2020 in Höhe von **1.503,21 Euro**

	Zeitraum	Gesamtbetrag in Euro
Müller, Hans; 735D123001	09/19 - 08/20	578,42
Müller, Gertrud; 735D123002	09/19 - 08/20	578,42
Müller, Hanna; 735D123003	09/19 - 08/20	346,37

Auszahlung der Leistung:

Zahlungsempfänger	Zeitraum	Zahlweg	Zahlbetrag monatlich in Euro
Müller, Hans	09/19 - 01/20	BIC WELADE8LXXX, IBAN DE06860555921812121412	513,21
	02/20	BIC WELADE8LXXX, IBAN DE06860555921812121412	563,21
	03/20 - 07/20	BIC WELADE8LXXX, IBAN DE06860555921812121412	513,21
	08/20	BIC WELADE8LXXX, IBAN DE06860555921812121412	613,21
Abweichende Zahlungsempfänger	**Zeitraum**	**Zahlweg**	**Zahlbetrag monatlich in Euro**
Franken GmbH, Wohnungsbaugesellschaft	09/19 - 08/20	BIC COBADEFFXXX, IBAN DE82700400410151888500	990,00

Die Leistungen werden monatlich im Voraus gezahlt.

Dienstgebäude
Richard-Wagner-Platz 5
90443 Nürnberg

Telefon
+49911/4007-100
Telefax
+49911/3268-199
Internet
www.arbeitsagentur.de

Öffnungszeiten
Mo. - Fr. 8.30 - 12.30 Uhr
Notfälle 8.30 - 9.00 Uhr
Termine nur nach Vereinbarung

Bankverbindung
BA-Service-Haus
Bundesbank
BIC: MARKDEF1760
IBAN:DE50760000000076001617

1. Der aktuellste Musterbescheid der Bundesagentur stammt aus dem Oktober 2019. Deshalb werden hier noch die Regelbedarfe des Jahres 2019 verwendet, während diese Broschüre ansonsten den Gesetzesstand von Januar 2020 wiedergibt.
2. Wenn Sie Widerspruch einlegen wollen, richten Sie ihn an diese Adresse.
3. Jede Bedarfsgemeinschaft erhält vom Jobcenter eine Nummer. Geben Sie diese bei allen Anfragen und Mitteilungen an.
4. Dies ist das Datum der Bearbeitung. Für die Widerspruchsfrist ist aber der Posteingang bei Ihnen wichtig. Bewahren Sie den Briefumschlag auf und notieren Sie sich auf dem Bescheid den Tag des Posteingangs.
5. Die Leistungen werden üblicherweise für zwölf Monate bewilligt. Denken Sie daran, rechtzeitig einen Folgeantrag zu stellen.
6. Dies ist der Gesamtbetrag der Leistungen für die Bedarfsgemeinschaft.
7. Die Verteilung auf die einzelnen Personen ist wichtig bei Rückforderungen. Keiner muss mehr zurückzahlen, als er erhalten hat.
8. Hier sehen Sie, an wen das Geld überwiesen wird.
9. Wenn die Miete zum Beispiel direkt an den Vermieter gezahlt wird, erhalten Sie eine entsprechend gekürzte Zahlung.

Stand: Oktober 2019

Bedarfsgemeinschaft 73514//0000002

Leistungen für Bildung und Teilhabe:

- Folgende Leistungen gelten mit Ihrem Antrag auf Leistungen zur Sicherung des Lebensunterhalts nach dem SGB II für den oben genannten Bewilligungszeitraum als mitbeantragt und brauchen nicht gesondert beantragt zu werden:

  Leistungen für die Ausstattung mit persönlichem Schulbedarf,

  Schulausflüge bzw. Ausflüge von Tageseinrichtungen oder im Rahmen von Kindertagespflege,

  Schülerbeförderung,

  mehrtägige Klassenfahrten bzw. mehrtägige Fahrten von Tageseinrichtungen oder im Rahmen von Kindertagespflege,

  gemeinschaftliche Mittagsverpflegung von Schülerinnen und Schülern bzw. Kindern in Tageseinrichtungen oder in Kindertagespflege sowie

  Teilhabe am sozialen und kulturellen Leben (z.B. Mitgliedsbeiträge für Vereine) für Personen, die das 18. Lebensjahr noch nicht vollendet haben.

  Über diese Leistungen wird nicht im Rahmen dieses Bescheides entschieden. Eine Entscheidung über diese Leistungen setzt voraus, dass die oben genannten Bedarfe von Ihnen konkretisiert und durch geeignete Belege nachgewiesen sind bzw. werden. Sofern Sie hierzu bereits Nachweise vorgelegt haben, wird Ihnen das Jobcenter Nürnberg eine gesonderte Mitteilung bzw. einen gesonderten Bescheid über die damit geltend gemachten Leistungen übersenden.

  Sollten bereits jetzt oder auch zu einem späteren Zeitpunkt innerhalb des oben genannten Bewilligungszeitraums weitere Aufwendungen für Bildungs- und Teilhabebedarfe entstehen oder entstanden sein, wenden Sie sich bitte zeitnah mit geeigneten Nachweisen an das Jobcenter Nürnberg.

- Bitte beachten Sie, dass Lernförderung bei Bedarf gesondert beantragt werden muss. In diesem Fall richten Sie Ihren Antrag bitte an das Jobcenter Nürnberg. Von dort erhalten Sie eine gesonderte Mitteilung bzw. einen gesonderten Bescheid.

- Die Einkommensanrechnung aus diesem Bewilligungsbescheid ist auch für die Entscheidung über die Gewährung von Leistungen für Bildung und Teilhabe verbindlich. Dies gilt auch für Änderungen bei der Einkommensanrechnung innerhalb des Bewilligungszeitraums.

Wie sich die Leistungen nach dem Zweiten Buch Sozialgesetzbuch - SGB II im Einzelnen zusammensetzen, können Sie dem beiliegenden Berechnungsbogen entnehmen.

Kranken-, Pflege- und Rentenversicherung:

10 Müller, Hans, geb. 03.05.1981; Kundennummer 735D123001 i

Kranken- und Pflegeversicherung i	01.09.2019 - 31.08.2020	AOK BAYERN
Rentenversicherung	01.09.2019 - 31.08.2020	Meldung an Deutsche Rentenversicherung

Müller, Gertrud, geb. 27.07.1984; Kundennummer 735D123002

Kranken- und Pflegeversicherung	01.09.2019 - 31.08.2020	AOK BAYERN
Rentenversicherung i	01.09.2019 - 31.08.2020	Meldung an Deutsche Rentenversicherung

11

Rechtsbehelfsbelehrung:

12 Gegen diesen Bescheid kann jeder Betroffene oder ein von diesem bevollmächtigter Dritter innerhalb eines Monats nach Bekanntgabe Widerspruch erheben. Für Minderjährige oder nicht geschäftsfähige Personen handelt deren gesetzlicher Vertreter. Der Widerspruch i ist schriftlich oder zur Niederschrift bei der im Briefkopf genannten Stelle einzulegen.

MUSTER

10. Prüfen Sie, ob die Angaben zur Kranken- und Pflegeversicherung für alle Personen der Bedarfsgemeinschaft korrekt sind.

11. An dieser Stelle stehen etwaige Veränderungen im Bewilligungszeitraum. Prüfen sie genau, ob die von Ihnen vorgelegten Unterlagen vollständig berücksichtigt wurden.

12. Dem Bescheid beigefügt wird auch eine Bescheinigung für den Beitragsservice von ARD, ZDF und Deutschlandradio (GEZ). Diese Bescheinigung zur Gebührenbefreiung müssen Sie selbst dort einreichen.

Bedarfsgemeinschaft 73514//0000002

Anlage zum Bescheid vom 14.10.2019

Vertreter der Bedarfsgemeinschaft: Müller, Hans

Berechnung der Leistungen für September 2019 bis August 2020:

Höhe der monatlichen Bedarfe in Euro

	Gesamtbedarf				
Familienname Vorname Geburtsdatum Kundennummer		Müller Hans 03.05.1981 735D123001	Müller Gertrud 27.07.1984 735D123002	Müller Hanna 15.12.2008 735D123003	
Regelbedarf	1.066,00	382,00	382,00	302,00	
Mehrbedarf					
Warmwassererzeugung	21,20	8,79	8,79	3,62	
Grundmiete	750,00	250,00	250,00	250,00	
Heizkosten	90,00	30,00	30,00	30,00	
Nebenkosten	150,00	50,00	50,00	50,00	
Gesamtbedarf	**2.077,20**	**720,79**	**720,79**	**635,62**	

Die Bedarfe für Unterkunft und Heizung werden zu gleichen Teilen auf die Mitglieder der Haushaltsgemeinschaft aufgeteilt. Geringe Abweichungen sind möglich, wenn der Gesamtbetrag der Bedarfe für Unterkunft und Heizung nicht exakt durch die Personenanzahl teilbar ist.

Zu berücksichtigendes monatliches Einkommen in Euro

	Gesamtbetrag	735D123001	735D123002	735D123003	
Einkommen aus Erwerbstätigkeit					
Brutto Netto	500,00 400,00	500,00 400,00			
Abzüglich Freibetrag auf das Erwerbseinkommen	180,00	180,00			
Zwischensumme Erwerbseinkommen	220,00	220,00			
sonstiges Einkommen					
Arbeitslosengeld	180,00		180,00		
Kindergeld	204,00			204,00	
Gesamteinkommen	**604,00**	**220,00**	**180,00**	**204,00**	
Abzüglich Absetzungen vom Gesamteinkommen	30,00		30,00		
zu berücksichtigendes Gesamteinkommen	**574,00**	**220,00**	**150,00**	**204,00**	

Bei Erwerbseinkommen bis zu 400,00 Euro werden die Absetzbeträge für Werbungskosten, Versicherungsbeiträge und eine geförderte Altersvorsorge unabhängig von der tatsächlichen Höhe mit einem Betrag in Höhe von 100,00 Euro (Grundabsetzungsbetrag) berücksichtigt. Bei Erwerbseinkommen über 400,00 Euro werden die tatsächlichen Absetzbeträge für Werbungskosten, Versicherungsbeiträge und eine geförderte Altersvorsorge, mindestens aber 100,00 Euro berücksichtigt.
Auf das monatliche Bruttoeinkommen aus Erwerbstätigkeit über 100 Euro bis 1.000 Euro wird ein Freibetrag in Höhe von 20 Prozent gewährt. Auf das Bruttoeinkommen über 1.000 Euro bis 1.200 Euro ein weiterer Freibetrag in Höhe von 10 Prozent. Wenn Sie ein minderjähriges Kind haben oder mit einem minderjährigen Kind in der Bedarfsgemeinschaft leben wird der Freibetrag in Höhe von 10 Prozent bis zu einem Bruttoeinkommen von 1.500 Euro gewährt.

13. Jedes Mitglied der Bedarfsgemeinschaft hat beim Jobcenter eine eigene Kundennummer, die auf dem Berechnungsbogen anstelle des Namens verwendet wird.

14. Mehrbedarfe sind in Kapitel 3 Abschnitt 2 erklärt.

15. Dies sind die anerkannten Bedarfe für Unterkunft, Heiz- und Nebenkosten. Siehe dazu Kapitel 4. Wenn das Jobcenter nicht die vollen Kosten übernimmt, weil sie zu hoch sind, müssen Sie den Rest selbst zahlen, um nicht die Wohnung zu verlieren. Bezahlen Sie auch immer pünktlich Ihren Strom, um eine Stromsperre zu vermeiden.

16. Zum Einkommen siehe Kapitel 6 und 7. Prüfen Sie, ob Ihr Einkommen richtig berechnet wurde.

17. Kindergeld wird als Einkommen der Kinder angerechnet – siehe Kapitel 6 Abschnitt 4.

Bedarfsgemeinschaft 73514//0000002

Berücksichtigung des personenbezogenen Einkommens in Euro

	Gesamtbetrag	735D123001	735D123002	735D123003	
Gesamtbedarf	635,62			635,62	
Personenbezogenes Einkommen	204,00			204,00	
Bedarf	**431,62**			**431,62**	

Einkommen wird grundsätzlich anteilig bedarfsbezogen auf alle Mitglieder der Bedarfsgemeinschaft verteilt. Ausgenommen von der Verteilung ist das Einkommen von Kindern. Kindeseinkommen wird nur vom Bedarf des Kindes abgezogen. Die Verteilung des Kindergeldes richtet sich nach dem ungedeckten Bedarf des Kindes. Beträge, die das Kind nicht zur Deckung des eigenen Bedarfes benötigt, werden als Einkommen des Kindergeldberechtigten berücksichtigt und in die Verteilung einbezogen.

Berücksichtigung des verteilbaren Einkommens in Euro

	Gesamtbetrag	735D123001	735D123002	735D123003	
Einkommen	370,00	220,00	150,00		
Anteil verteilbares Einkommen	**369,99**	**142,37**	**142,37**	**85,25**	

In einer Bedarfsgemeinschaft ist jede Person im Verhältnis ihres individuellen Bedarfs zum Gesamtbedarf der Bedarfsgemeinschaft hilfebedürftig.
Die Einkommensverteilung auf die Personen in der Bedarfsgemeinschaft erfolgt nach deren individuellen Bedarfsanteilen.
Hierzu wird für die Berechnung des auf die Einzelperson zu verteilenden Einkommens das gesamte verteilbare Einkommen mit dem zu berücksichtigenden Bedarf der Einzelperson multipliziert und durch den verbleibenden Gesamtbedarf der Bedarfsgemeinschaft dividiert.

18

Höhe der monatlich zustehenden Leistungen i nach Berücksichtigung von Einkommen in Euro

19

	Anspruch	735D123001	735D123002	735D123003	
Regelbedarf	492,01	239,63	239,63	12,75	
Mehrbedarf Warmwassererzeugung	21,20	8,79	8,79	3,62	
KdU - Miete/Eigentum	990,00	330,00	330,00	330,00	
Summe	**1.503,21**	**578,42**	**578,42**	**346,37**	

20

Anzurechnendes Einkommen deckt zunächst die Bedarfe zur Sicherung des Lebensunterhaltes. Das nach dieser Anrechnung verbleibende Einkommen deckt die Bedarfe für Unterkunft und Heizung.

18. Hier können Sie sehen, wie das Einkommen verteilt wird – siehe dazu Kapitel 9 Abschnitt 3.

19. Hier wird berechnet, wie viel Geld jedem Mitglied der Bedarfsgemeinschaft zusteht. Dabei wird für jedes Mitglied der Bedarfsgemeinschaft das anzurechnende Einkommen nacheinander mit dem Regelbedarf, dem Mehrbedarf und den Kosten der Unterkunft verrechnet. Bei Herrn Müller deckt das anzurechnende Einkommen von 142,37 € nicht einmal seinen Regelbedarf von 382,00 € (Wert aus 2019!). Deshalb bekommt er noch einen Teil des Regelbedarfs in Höhe von 239,63 € und Mehrbedarf und Unterkunftskosten jeweils in voller Höhe.

20. Die Gesamtsumme der Leistungen steht auch am Anfang des Bescheids.

Stichwortverzeichnis